Anna Clauß

MEIN MANN IST DIE BESSERE MUTTER

Wie ich Wunschfamilie und Traumberuf vereinbare – oder es mir zumindest einrede

PENGUIN VERLAG

MIX
Papier | Fördert gute Waldnutzung
FSC® C014496

Penguin Random House Verlagsgruppe FSC® N001967

1. Auflage 2024

Umschlaggestaltung: Favoritbuero, München
Umschlagabbildung: © Carlos E. Serrano / GettyImages
Satz: Buch-Werkstatt GmbH, Bad Aibling
Druck und Bindung: GGP Media GmbH
Printed in Germany 2024
ISBN 978-3-328-11145-0
www.penguin-verlag.de

»Laufen auf Luft, machen Fortschritt in Turnschuhen,
durch Siege der Nike sneaken wir durch die Antike.«

Kampf der Titanen, »Die Firma«

Inhalt

FREIRÄUME

Einblick

Manchmal wäre ich gerne Vater. Ein Mensch, der Kinder kriegen kann, ohne sie selbst zur Welt bringen zu müssen. Ein Arbeitnehmer, der Sorgearbeit mit Karrieremachen vereinbaren kann, aber nicht muss. Ein Mann, der sich nicht ständig fragt: Bin ich ein guter Vater?

Väter, so scheint es mir häufig, haben weniger Selbstzweifel. Müttern hingegen wird das schlechte Gewissen bei der Geburt des ersten Kindes kostenlos mitgeliefert. Stillen oder nicht stillen? Schreien oder schreien lassen? Noch ein Baby oder nie wieder Wehen? Runter auf Teilzeit oder zurück in Vollzeit? Egal, wie man sich entscheidet. Das schlechte Gewissen hätte die andere Möglichkeit besser gefunden.

Nirgends ist man als Mutter vor hinterhältigen Attacken des Unterbewusstseins sicher. Nicht mal auf dem Badewannenrand, wo ich frühmorgens manchmal länger sitze, um meine Mails zu lesen, obwohl ich eigentlich in der Küche stehen sollte, um die Brotzeitbox für unseren Sohn zu füllen. Das schlechte Gewissen holt mich gerne auch an der Supermarktkasse ein, wo ich beim Blick auf die Müsliriegelpackung auf dem Kassenband, dessen Inhalt in die Pausenbrotdose wandern wird, häufig denke: Warum backe ich Müsliriegel nicht selbst? Nach dem Rezept meiner Mutter. Mit dem Honig glücklicher Bienen, von Natur aus süßen Rosinen und gesunden Haferflocken, so wie ich es aus meiner eigenen Kindheit im schwäbischen Grünenmekka Tübingen kenne.

Ende der Achtzigerjahre war ich neun, so alt wie unser Sohn heute. Meine Mutter war Anfang vierzig, so alt wie ich Ende 2024. Anders als ich aber war sie eine Frau mit viel Zeit für ihre Kinder. Sie unterbrach ihre Berufstätigkeit als Lehrerin für Sport und Biologie mehrere Jahre lang. Unter anderem, um für meine jüngere Schwester und mich Müsliriegel zu backen.

Ich hingegen kaufe industriell gefertigte Haferkraft. Selbstverständlich nur in den Varianten »zuckerfrei«, »light« oder »free«. Sonst meldet sich schon wieder das schlechte Gewissen.

Meine Entscheidung fiel anders aus als die meiner Mutter. Ich kehrte nach der Geburt unseres Jungen 2015 schnell in den Journalismus zurück. Die Emanzipation und der Ausbau externer Betreuungsinfrastruktur sind in den letzten Jahrzehnten rasant vorangeschritten. Anders als zur Zeit, in der meine Mutter Kinder bekam, gibt es heute viel mehr Kitas und sorgende Männer. So wie den, dem ich vor knapp fünfzehn Jahren einen

Heiratsantrag gemacht habe. Weil er Empathie und Humor besitzt, lieber schwäbische Dokumentarfilme über Staubsaugervertreter guckt statt Fußball – und Spätzle nach Art seiner Oma selber schabt.

Ein Mann, mit dem man über Brotnamen wie »Pfistersonne« Tränen lachen und die Mitte jeder Tanzfläche erobern kann. Einer, der sich aber nie in den Vordergrund drängt, obwohl er diese wunderbar tiefe Stimme hat, mit der selbst sein schwäbischer Akzent elegant klingt. Vor ziemlich exakt zwanzig Jahren saßen wir gemeinsam in einem Seminar über »Die Musikgeschichte des Free Jazz«. Vermutlich aus Schallschutzgründen fand die Veranstaltung in einem Kellerraum der Uni Passau statt. Der Sound der besprochenen Musikstücke, die so klangen, als würde jemand ein Schlagzeug auseinandernehmen und die Einzelteile gegen die Wand werfen, während ein Saxophonspieler Vulkanausbrüche nachahmt, war schauerlich.

Der Professor in seinem cremeweißen Dandy-Anzug galt als verrückt, aber auch als kreativ und locker bei der Benotung von Hausarbeiten. Wir studierten beide semi-ambitioniert Kulturwirtschaft, mochten Klassik und Hip-Hop – und gute Geschichten. Ich schreibe und lese sie gerne, mein Mann spricht und hört sie am liebsten. Ich trat damals auf Poetry-Slams auf, er produzierte die »Wahnzeit«, einen der ersten Podcasts in Deutschland. Die größten Hits der »Firma«, einer Heidelberger Rap-Combo, müsse er mir unbedingt mal vorspielen, hatte er mir bei einem unserer Gespräche vor Seminarbeginn versprochen. Die Musikgeschichtsstunden aber vergingen in Zeitlupe, ohne dass er mir danach Privatunterricht anbot. Als ich ihn kurz vor Semesterende auf der Tanzfläche einer Party entdeckte, sagte ich zu meiner Freundin: »Ich gehe jetzt rüber zu meinem zukünftigen Ehemann und lade mich selber ein.« Der Plan ging ganz gut auf.

Meinem Mann und mir war in den bald zwei Jahrzehnten unserer gemeinsamen Beziehung immer klar, dass kreativ Arbeiten und damit Geldverdienen genauso glücklich macht wie Familie und Kindererziehung – auch wenn es bedeutet, dass der Alltag ziemlich viel Free Jazz beinhaltet. Nicht ganz so klar war uns, dass sich Rollenbilder langsamer wandeln als die Realität.

Obwohl es wissenschaftlich nicht erst seit gestern erwiesen ist, dass Mütter – sieht man mal vom Stillen ab – nicht von Natur aus prädestinierter fürs Sorgen und Erziehen des Nachwuchses sind als Väter, hält sich diese Vorstellung hartnäckig in vielen Köpfen. Auch in meinem. Sonst würde ich mich nicht ständig fragen: Bin ich eine gute Mutter?

Die Frage begleitet mich, seitdem ich an einem kalten Februartag vor rund zehn Jahren unseren ersten und einzigen Sohn in München zur Welt brachte. Acht Monate später ging ich wieder arbeiten. Die ersten zwei Monate nach der Geburt nahmen wir gemeinsam Elternzeit, dann blieb zuerst ich ein halbes Jahr, dann mein Mann die restlichen Elternzeitmonate allein mit

Baby zuhause. Als unser Junge etwas älter war als ein Jahr, gaben wir ihn zunächst zu einer Tagesmutter, damit jeder von uns vier Tage die Woche arbeiten konnte. Montags blieb mein Mann mit dem Kleinen im Homeoffice, was damals noch nicht so hieß. Er konnte sich die Arbeit in einer App-Agentur frei einteilen. Freitags übernahm ich die Babybetreuung und den Haushalt.

Damals war ich politische Korrespondentin im Bayern-Büro des SPIEGEL, heute leite ich das Ressort »Meinung und Debatte«. Zum Ende meiner Elternzeit hatte Donald Trump gerade überraschend die US-Wahl gewonnen, Angela Merkel hatte mit Blick auf die immer größer werdenden Flüchtlingsbewegungen nach Deutschland ein »Wir schaffen das« ausgelobt, Markus Söder befand sich im Wettstreit mit Ilse Aigner um die Nachfolge von Horst Seehofer als Ministerpräsident in Bayern. Kurzum: Es gab viel zu berichten. Das Modell der gemeinsamen Viertagewoche hielten wir rund ein halbes Jahr durch. Dann stockte ich auf Vollzeit auf.

Mein Job im Nachrichtengewerbe erfordert eine Rund-um-die-Uhr-Erreichbarkeit und permanente Flexibilität. Ich hatte das Gefühl, immer zu arbeiten, aber nur 80 Prozent davon bezahlt zu bekommen. Mir erschien es betriebswirtschaftlich klüger, das volle Gehalt zu kassieren, während ich versuchte, die Freitage möglichst frei von Terminen zu halten und nur so viel zu arbeiten wie nötig. Ein Plan, der mittelgut funktionierte. Denn Naturkatastrophen, Kriege und plötzliche Rücktritte von Politikern passieren sehr gerne auch freitags.

Außerdem muss man irgendwann diese verdammten Mails öffnen, deren Beantwortung man von Montag bis Donnerstag auf Freitag verschoben hat.

Die ersten Schritte unseres Jungen erlebte mein Mann live im Wohnzimmer, während ich im Büro saß. Sein stolzes Lauflern-Lächeln schenkte unser Junge seinem Vater statt mir. Mein Mann übernahm auch die Eingewöhnung in der Kita und später ein Amt im Elternbeirat. Als unser Junge zwei Jahre alt war, brachten wir ihn jeden Morgen in die Marienkäfergruppe und holten ihn am Nachmittag wieder ab.

Manchmal habe ich meinen Mann beneidet in dieser Zeit. Er war der gute Vater, der es neben seinem Vollzeitjob schaffte, viel Zeit mit seinem Kind zu verbringen. Vielleicht, weil seine Termine planbarer waren als meine. Weil er nicht, so wie ich, mit einem halbfertigen Text nach Hause kam, der in den Abendstunden irgendwie noch ganz fertig werden musste. Vielleicht hatte er auch gar nicht mehr Zeit als ich, sondern es kam mir nur so vor. Wir haben nicht mit der Stoppuhr nachgemessen, wer mehr Minuten ins Laufradlernen, Legobauen oder Vorlesen investiert. Wir haben auch nicht Buch darüber geführt, wer häufiger noch schnell Einkäufe erledigt hat auf dem Weg vom Büro nach Hause.

Ich aber fühlte mich häufig als schlechte Mutter, wenn ich unseren Jungen als Letzte aus dem Kindergarten abholte. Einmal war ich in Gedanken vermutlich noch bei der Arbeit, als ich in die falsche S-Bahn stieg und den Fehler zu spät bemerkte. Ich nahm mir dann ein Taxi quer durch die Stadt zur Kita, verlor im Feierabendverkehr noch mehr wertvolle Zeit und war erst dort, als die Kita eigentlich längst geschlossen hatte. Der vorwurfsvolle Blick der Erzieherin erscheint mir heute noch in Albträumen.

Unser Junge hat mein Scheitern an diesem Tag ohne erkennbares Trauma überstanden. Er besucht inzwischen die dritte Klasse einer Münchner Grundschule, kommt gut klar – außer beim Lesen und Schreiben. Die Dinge, mit denen ich mich so viel und so gerne beschäftige, scheinen ihm eine besonders große Last zu sein. Vielleicht eine Art Abwehrreaktion auf meine Berufstätigkeit? Fördere ich ihn etwa nicht genug? Hätte ich weniger Zeit in dieses Buch investieren sollen und mehr in die Hausaufgabenbetreuung? Da sind sie wieder, meine Selbstzweifel.

Natürlich haben auch Väter welche. Nachdenkliche Männer gibt es auf dieser Welt zum Glück sehr viele. Wenn man aber die Titel in den Buchhandlungen studiert oder die täglichen Kommentare in den Zeitungen liest, fällt auf, dass sich Männer viele kluge Gedanken rund um Krieg, Frieden, Klima und Krise, Liebe und Leidenschaft machen, aber Vaterschaft kein besonders kontroverses Thema zu sein scheint.

Umgekehrt verhält es sich mit der Mutterschaft. Zur Frage, was eine gute Mutter ausmacht, gibt es eine große Auswahl an vorwiegend von Frauen verfassten Romanen, Sachbüchern oder Leitartikeln. Deren Fazit auf mich meist deprimierend wirkt: Gute Mütter sind offenbar zum Scheitern verdammt. Wer versucht, einem Ideal zu entsprechen, das vom Nationalsozialismus geformt, vom westdeutschen Nachkriegspatriarchat vergoldet und vom neuzeitlichen Feminismus bunt lackiert und auf den Kopf gestellt wurde, macht in der Regel keine gute Figur.

Wer, so wie ich, Vollzeit arbeitet, hat ständig das Gefühl, seine Familie zu vernachlässigen. Wer gar nicht arbeitet, steht auch unter Rechtfertigungsdruck. Es ist inzwischen normal geworden, dass beide Eltern berufstätig sind. Zumal in einer Stadt wie München, wo eine Brezel mehr als einen Euro und eine Kugel Eis inzwischen rund zwei Euro kostet. Zu den Zweifeln, die vermutlich jede Mutter kennt, gesellt sich nicht selten Verzweiflung. Bei mir macht sie sich in Momenten breit, in denen unser Sohn traurig ist: »Mama, du bist nie da«, sagte er neulich kurz vor dem Einschlafen. Ich wollte ihm eine gute Nacht wünschen, bevor ich losmusste zu einem Stammtisch mit befreundeten Journalisten.

Ja, ich habe beruflich viele Abendtermine, und ich reise hin und wieder nach Berlin oder Hamburg, weil der SPIEGEL dort große Büros unterhält. Dass ich »nie da« bin, ist natürlich trotzdem eine maßlose Übertreibung. Die mich aber trifft. Denn es stimmt, dass ich mit meinem Kopf häufig woanders bin. Wenn ich in die falsche S-Bahn steige genauso, wie wenn ich beim gemeinsamen Abendbrot nicht richtig zuhöre, weil ich in Gedanken noch eine Nachricht des Tages verdauen muss. Als Ressortleiterin eines Nachrichtenmagazins fällt es mir manchmal schwer, abzuschalten. Vorgeschriebene Ruhezeiten, einen festen Feierabend oder Dienstplan gibt es nicht.

Trotzdem ist es mein Traumjob, den Mächtigen auf die Finger schauen zu können, bestehende Ungerechtigkeiten aufzudecken, die Meinungsfreiheit zu verteidigen, Markus Söder daran zu erinnern, dass Bayern nicht sein Königreich ist. Ich liebe den Journalismus so sehr wie mein Dasein als Mutter. Beide Lebensaufgaben haben viel mit Nachfragen, Zurückblicken und Anzweifeln zu tun. »Oder ist es umgekehrt?«, lautete der Spruch auf einer Postkarte, die jahrelang an meiner Büropinnwand hing. Als sie eines Tages plötzlich weg war, fühlte es sich an, als hätte ich mein Herz verloren.

Als ich beim SPIEGEL begann, persönliche Kolumnen zu schreiben und nicht mehr nur politische Reportagen, Portraits und sachliche Nachrichtentexte, tat ich das mit kritischen Fragen an mich selbst. Kann ich das? Wen interessiert das? Bin ich nicht eher ein Negativbeispiel, wenn es um die Vereinbarkeit von Kind und Karriere geht? Lachen mich meine Kolleginnen und Kollegen auf den Bürofluren womöglich aus, wenn sie in meinen Kolumnen Details aus meinem Privatleben lesen?

Und ja, es ist gewöhnungsbedürftig, wenn man auf CSU-Parteitagen, die ich als Bayern-Korrespondentin des SPIEGEL und Söder-Biographin häufig besuche, von Parteimitgliedern auf meinen Sohn oder meinen Mann angesprochen werde statt auf das, sagen wir, neue christsoziale Grundsatzprogramm.

Als Journalistin ist man in Hintergrundrunden im Bayerischen Landtag oder auf Parteitagen häufig in der Minderheit. Um in Männerrunden ernst genommen zu werden, helfen Kolumnentexte, die den offenen Umgang mit Zweifeln aller Art pflegen, eher nicht.

Andererseits finde ich: Auch das Private ist häufig sehr politisch. Und Familienthemen gehören ernst genommen. Sie verdienen Aufmerksamkeit, auch in politischen Debatten. Es schließt sich daher nicht aus, hoffe ich, persönliche Texte über vermeintlich weiche Themen wie Kindererziehung oder mütterliche Selbstzweifel zu verfassen und gleichzeitig – ohne persönliche Betroffenheit – Kommentare und Analysen zur Tagespolitik zu veröffentlichen.

Für praktische Erziehungstipps oder Beziehungsratschläge bin ich allerdings die Falsche. Ich habe in meinem journalistischen Leben weit über tausend verschiedene Texte zu allen möglichen Themen verfasst und mit ähnlich vielen Menschen lange Interviews oder spontane Gespräche zwischen Tür und Angel geführt. Vegane Motivationstrainerinnen, feministische Heilpraktiker, humorvolle Juristen waren genauso darunter wie die Putzfrau meiner Eltern (es ging um die Bekämpfung von Schwarzarbeit in der Reinigungsbranche) und eine 82-jährige Altenheimbewohnerin (es ging um eine SPIEGEL-Titelgeschichte zum Thema »Angstfrei Sterben«).

Trotzdem bin ich nirgends einer Glücksformel begegnet, mit der das Doppelleben zwischen Traumjob und Wunschfamilie garantiert gelingt.

Apropos Wunschfamilie: Auch dafür gilt, dass man im Leben nicht alles haben kann. Ich habe zum Beispiel nur ein Kind, obwohl ich immer drei wollte. Ich habe nach der Geburt meines Sohnes den Mädchennamen aufgegeben, obwohl ich als emanzipierte Frau bei der Hochzeit ein paar Jahre vorher noch auf die Fortführung des eigenen Familiennamens beharrt hatte. Und fast jede Woche stelle ich mir die Frage, ob ich nicht in Teilzeit glücklicher wäre?

Was manchmal hilft: Den Gedanken zuzulassen, dass meine Performance als Mutter nicht perfekt sein muss. Dass man Mutterschaft sogar manchmal bereuen darf. Natürlich liebe ich meinen Sohn, und ich bin wahnsinnig dankbar dafür, Mutter sein zu dürfen. Aber warum muss ich in dieser Disziplin ständig gut sein? Besser als andere womöglich? Darf ich nicht auch mal versagen? Oder meinen Mann Frühstück für die Familie machen lassen, während ich am Badewannenrand Mails beantworte? Was, wenn er die bessere Mutter ist?

Als der Kinderarzt bei einer Vorsorgeuntersuchung unseren damals dreijährigen Sohn bat, den Schachtelsatz »Der Kuchen, den die Mama gebacken hat, schmeckt gut«, nachzusprechen, um seine Konzentrationsfähigkeit zu testen, sagte das Kind: »Papa backt Marmorkuchen.« Alle lachten.

Das Rollenbild, das mein Mann häufig besser verkörpert als ich, ist das der patenten Sorgeperson, die der Familie die heile Welt herbeikocht, alles sauber hält und bei der kleinsten Schramme am Knie des Kindes schon halb auf dem Weg ins Krankenhaus ist. Dieses vermeintlich typisch mütterliche Ideal scheint vor allem in Westdeutschland trotz aller emanzipatorischen Erfolge wie einer (ostdeutschen) Ex-Bundeskanzlerin gesellschaftlich tief verankert. Eine Frau ist eine Person, deren Lebensglück das Umsorgen von Kindern ist. Eine Mutter ist eine Frau, die die Familie zusammenhält. So oder so ähnlich lautet der Subtext, der in so vielen Köpfen immer noch existiert. Und zwar nicht nur in den männlichen.

Klar sind viele Mütter fest verankert in ihren Familien. Die unendliche Liebe für meinen Sohn hält Frauen wie mich aber nicht davon ab, eine berufliche Karriere verfolgen zu wollen. Selbst wenn ich hin und wieder voller Stolz Bilder von selbst gebastelten Adventskalendern oder selbst hergestellten Marmorkuchen auf Instagram poste, heißt das nicht, dass mein Brotjob mir nicht genauso wichtig wäre.

Ich glaube, so geht es vielen Müttern – und Vätern. Und trotzdem sind es in Deutschland meist die Frauen, die ihre Arbeitszeit reduzieren, sobald sich die Familiengründung als artistischer Balanceakt entpuppt hat, gegen den ein Free-Jazz-Solo auf dem Schlagzeug ein Kinderspiel ist.

Und die Väter? Die gleichberechtigte Aufteilung von Familienarbeit macht das Leben vielleicht nicht leichter für den Einzelnen, aber dafür die Welt etwas besser und gerechter für alle. Würden Frauen weniger häufig den Badmülleimer leeren und die Wäscheberge der Familie bügeln, hätten sie möglicherweise mehr Zeit für Karriere oder politisches Engagement. Würden viel mehr Männer Teilzeit arbeiten und ihren Frauen den Rücken freihalten, wäre die Frauenquote im Bayerischen Landtag mit rund 25 Prozent womöglich nicht so mickrig. Auch in der Wirtschaft sieht es düster aus. Laut einer Studie der gemeinnützigen AllBright-Stiftung liegt der Anteil weiblicher Führungskräfte in den hundert umsatzstärksten Familienfirmen bei nur 12,6 Prozent. Ich würde mir wünschen, dass mehr Frauen Macht, Einfluss und Geld hätten. Um die Welt außerhalb der eigenen vier Wände gestalten zu können. Keine Ahnung, ob wir dann weniger Krisen und Kriege hätten. Wie bei allem im Leben weiß man es erst, wenn man es ausprobiert hat.

Solange es Männer sind, die Läden und Länder leiten, die Frauen mühsam am Laufen halten, wird sich an vielen Zuständen wenig ändern. Ich freue mich über jeden und jede, der oder die dieses Buch liest und sich hinterfragt, ob er oder sie im Leben die richtigen Prioritäten gesetzt hat?

Es sind ja nicht nur Frauen und Mütter, die sich von Selbstzweifeln, zu hohen Erwartungen und Rollenzuschreibungen nicht länger beschränken lassen sollten. So viele Männer geben in Befragungen wie dem Väterreport der Bundesregierung an, sie würden gerne mehr Zeit mit der Familie verbringen. Warum aber klingt es dann in ihren Ohren häufig wie eine Art Degradierung, wenn man sie lobend mit mütterlichen Attributen versieht? Als ich meinen Mann um Erlaubnis bat, das Buch »Mein Mann ist die bessere Mutter« zu nennen, stimmte er nur unter einer Bedingung zu: »Du musst dazusagen, dass ich erfolgreicher Geschäftsführer einer App-Agentur bin!« Die Vorstellung, nur als treusorgender Hausmann rüberzukommen, der gesund und gut kochen kann, am liebsten alles selber putzen will und viel Zeit an Sandkastenrändern verbringt, fand er schrecklich. Eigentlich schade.

Denn wenn es etwas gibt, das mir trotz permanentem Zeitdruck, trotz schlechtem Gewissen und trotz manchmal nur halbguter Kompromisslösungen hilft, Ruhe zu bewahren, dann ist es die Sicherheit, zu wissen: Im Zweifel ist mein Mann die bessere Mutter.

KARRIERE MIT KIND

Bin ich eine Egomutter?

Im Sommer vor fünf Jahren erzählte ich auf einer Gartenparty einer netten Unbekannten mir gegenüber von meinen Plänen für die nahe Zukunft: Flug nach Denver, Praktikum bei einer Zeitungsredaktion, fünf Wochen große Freiheit in Amerika. Die Small-Talk-Partnerin staunte. Ob Mann und Sohn eine so lange Zeit allein zuhause klarkämen? Ihr Mann scheitere bereits an Kleinigkeiten wie der täglichen Suche nach dem Sonnenhut fürs Kitakind, scherzte sie. Ich hätte offenbar ein »gesundes Gottvertrauen«. Total bewundernswert, was »du als Egomutter« da vorhast, sagte sie. Wir lachten.

Erst mit dem Kater am nächsten Morgen fiel mir das vergiftete Lob auf. Die »Rabenmutter« mag glücklicherweise ausgestorben sein. Im öffentlichen Diskurs der letzten Jahre habe ich das Wort jedenfalls weder wahrgenommen noch vermisst. Der Vorwurf an Mütter aber, das Schicksal der Familie für persönliche Ambitionen oder den Wunsch nach Abenteuer aufs Spiel zu setzen, ist offenbar quicklebendig. Sagt man statt »Rabenmutter« neuerdings »Egomutter«? Und warum ist es »total bewundernswert«, aber nicht selbstverständlich, dass Mütter eigene Pläne schmieden, statt sich dem Rhythmus und den Zwängen des Familienkalenders unterzuordnen?

Mir ist im Freundes- und Bekanntenkreis kein Mann bekannt, der seiner Frau nach der Geburt eines oder mehrerer gemeinsamer Kinder vorgeschrieben hat, doch bitte weniger zu arbeiten, Hobbys und berufliche Herausforderungen wie einen mehrwöchigen Auslandsaufenthalt hintenanzustellen und sich nur noch einmal im Monat abends mit Freundinnen zu treffen. Häufig scheinen Mütter diese Entscheidungen selbst so zu treffen, wie gelenkt von einer inneren Stimme, die ihnen sanft einflüstert, ab sofort müssten sie ihren Lebensschwerpunkt auf den Nachwuchs ausrichten.

Mutterliebe. Das Wort ist schön, aber auch tückisch. In einer Broschüre des Bundesinstituts für Bevölkerungsforschung über Familienleitbilder in Deutschland heißt es, dass hierzulande zwei miteinander konkurrierende Prinzipien zu erkennen seien: die »verantwortete Elternschaft«, in der Haus- und Familienarbeit möglichst gleich verteilt werden. Besonders verbreitet in den alten Bundesländern aber sei der »Mythos Mutterliebe«. Das Konzept der Mutterliebe beinhalte, »dass eine leibliche Mutter quasi per Geburt stärker mit ihrem Kind verbunden ist, größere Fürsorglichkeit besitzt als der Vater und intuitiv daher auch besser weiß, was es braucht«.

Daraus abgeleitet werde eine Art natürliche Notwendigkeit, dass Mütter ihre Bedürfnisse stärker als Väter denen des Kindeswohls unterordnen müssen.

Von meiner eigenen westdeutsch sozialisierten Müsliriegel-Mutter kenne ich den Satz: »Ich opfere mich.« Sie sagte das zwar häufig scherzhaft, zum Beispiel, wenn sie das letzte Stück Schokolade aus der Packung nahm, aber es steckte natürlich ein wahrer Kern darin. Eigentlich wäre sie gerne Naturwissenschaftsprofessorin an einer Universität oder Forscherin im Urwald geworden – man riet ihr aber nach dem Abitur, dass Lehramt das familienfreundlichere Umfeld für eine Frau mit ihren Interessen sei. Also wurde sie Biologielehrerin.

Mit der Natur oder der Biologie des Menschen wird häufig argumentiert, wenn es darum geht, dass Frauen besonders prädestiniert für Sorgearbeit seien. Ich glaube nicht daran, dass es eine unsichtbare Nabelschnur zwischen Mutter und Kind gibt. Es ist eher ein Absperrband, das Mütter freiwillig um sich herum aufbauen. Dass der Mann meiner Gartenparty-Bekanntschaft angeblich nicht weiß, wo der Sonnenhut der Tochter zu finden ist, hat womöglich auch damit zu tun, dass die Mutter das Anziehen der Kinder als ihr Territorium betrachtet.

Ich bin so gerne Journalistin, wie ich Mutter bin. Macht mich das zur Egomutter? Elternschaft mag der Sinn des Daseins auf dieser Welt sein. Mein Beruf allerdings füllt mich genauso aus wie ein Baby in der 39. Schwangerschaftswoche. Ich flog folglich ohne schlechtes Gewissen nach Amerika, um an einem deutsch-amerikanischen Stipendienprogramm teilzunehmen. Fünf Wochen und mehrere Zeitzonen entfernt von München sollte und wollte ich ohne Mann und Sohn bei der »Denver Post« in Colorado arbeiten.

Unser Sohn war damals gerade vier Jahre alt geworden. Bis zu diesem Moment hatten mein Mann und ich uns alle Aufgaben im Haus und im Familienkalender gerecht geteilt. Nun war er mehrere Wochen hintereinander allein verantwortlich fürs Sorgen und Kümmern.

»Schafft Ihr Mann das?« Diese Frage habe ich in der Zeit vor meinem Abflug nach Denver nicht nur von der Kindersonnenhut-Frau gehört. Sondern meist von Männern, die mich siezen, also einer Generation angehören, in der die Fähigkeit, Spiegeleier zu braten, zum Überleben ausreicht. Um den ganzen Rest kümmern sich offenbar ihre Frauen, die Mütter. Noch bevor ich einen Tag in Amerika verbracht hatte, fand ich ein längst für überkommen gehaltenes westdeutsches Klischee bestätigt: Der Vater gilt offenbar als ersetzbar, die Mutter nicht. Dass Frauen Kanzler, Soldat und Dax-Vorstand können, wundert inzwischen kaum jemanden mehr. Aber soll ein Mann den Sohn fünf Wochen nonstop bekochen, in den Kindergarten bringen und in den Schlaf singen, endet die Vorstellungskraft vieler.

Meinem Mann gegenüber hatte ich vollstes Vertrauen. Aber wie würde unser Sohn wochenlang ohne seine Mutter klarkommen? Da war ich mir unsicher. Die

Verabschiedung am Flughafen fiel mir deutlich schwerer als ihm. Er war es damals schon gewohnt, dass ich immer mal wieder für ein paar Tage wegen eines Kurztrips nach Berlin oder Hamburg von der Bildfläche verschwand. Für ihn war der Moment des Abschieds nichts Besonderes. Als Erwachsener weiß man aber besser als Vierjährige, dass fünf Wochen deutlich länger als die durchschnittliche Dauer einer Dienstreise sind. Ich kämpfte mit den Tränen.

»Ich bin immer dein Freund«, versuchte unser Sohn mich zu trösten. Worte, die die beabsichtigte Wirkung völlig verfehlten: Hemmungslos heulend hievte ich wenige Minuten später mein Handgepäck aufs Rollband. »Hören Sie auf!«, wies mich die Sicherheitsbeamtin zurecht. Sie müsse sonst mit weinen.

Mein Freund, das Kind, und mein Ehemann kamen natürlich bestens ohne mich zurecht. Nichts anderes hatte ich erwartet, aber weh tat es schon auch ein bisschen. Hat nicht jede Mutter irgendeine Superkraft, ohne die der Rest der Familie verhungert, verdurstet oder zumindest schlecht schläft? Ich offensichtlich nicht. Ein einziges Mal in den folgenden fünf Wochen schrieb mir mein Mann in aussichtsloser Lage eine SMS. Er vermisste die orangefarbene Frisbeescheibe. »Hab sie!«, textete er, noch bevor mir die Schublade im Kellerschrank einfiel.

»Es läuft alles so viel besser ohne dich«, jubelte er ein paar Tage später. Anziehen, Gesicht waschen, Zähne putzen. Das alles erledige der Sohn plötzlich ohne

Widerstand. Offensichtlich wurde auch mehr gelacht ohne mich. »Ein Rabe geht im Feld spazieren. Da fällt der Weizen um.« Mir hat sich der Humor Helge Schneiders nie erschlossen. Vater und Sohn aber entdeckten mit der Liebe zu diesem Quatsch neue Gemeinsamkeiten.

Es war, ehrlich gesagt, ein überraschend blödes Gefühl, nicht gebraucht zu werden. Dass die beiden ohne mich so viel mehr Spaß zu haben schienen, verunsicherte mich zusätzlich. Eines Tages nannte mich das Kind im Videochat »Anna« statt »Mama«. Ein Weckruf fürs schlechte Gewissen. Sofort waren die Selbstzweifel wieder mal omnipräsent. Bin ich doch viel zu egoistisch? Vernachlässige ich meine Verantwortung als Mutter? Vermisst er mich gar nicht?

Wenn der Sohn einem so klar signalisiert, dass man in der elterlichen Rangordnung den hinteren Platz belegt, tut das weh. Dabei müsste sich die Feministin in mir eigentlich freuen. Wenn man es erstrebenswert findet, dass Frauen in der Politik, in der Wirtschaft oder etwa in Medienhäusern die Hälfte der Macht ausüben, braucht es Männer, die bereitwillig Plätze räumen. Die stattdessen gerne einen verantwortungsvollen Posten innerhalb ihrer Familien ausfüllen wollen und können. Aber es braucht eben auch Frauen, die sich damit zufriedengeben können, nicht überall die Spitzenposition zu besetzen. Die es aushalten, im innerfamiliären Beliebtheitsranking nicht die unangefochtene Nummer eins zu sein.

»Mama ist die Zweitbeste!« Richtig erstrebenswert klingt das nicht. Entsprechend wenig Vorbilder gibt es für das Egomutter-Modell. Wenn mir eines einfällt, dann vielleicht am ehesten Annalena Baerbock, 43 Jahre alt, Mutter von zwei Kindern, einst Kanzlerkandidatin der Grünen, später erste Außenministerin Deutschlands. Die Vereinbarkeit von Kindern und Karriere wird man sich von Baerbock kaum abschauen können. In Wahrheit macht sie Müttern etwas anderes vor: gesunden Egoismus. Dass es okay ist, andere Dinge im Kopf zu haben als den Ort, an dem der Kindersonnenhut üblicherweise liegt. Dass man eine gute Mutter sein kann, ohne sich im Leben in erster Linie um andere zu kümmern.

»Bundeskanzler ist kein Teilzeitjob«, schrieb zur Zeit der Bundestagswahl 2021 ein junger Typ auf Twitter, das damals noch nicht X hieß. Man könne eine »gute Mutter für kleine Kinder sein oder eine gute Bundeskanzlerin. Beides zusammen ist zeitlich unmöglich«. In einem Porträt wurde Baerbock von einem Reporter gefragt: »Haben Sie sich mal gefragt, wie das gehen könnte, mit zwei kleinen Kindern im Kanzleramt?«

Baerbock wurde nicht nur von neugierigen männlichen Stimmen auf ihre Mutterrolle angesprochen. Sie warb auch von sich aus mit ihrem Erfahrungsschatz als Frau, die »mitten im Leben steht«. Und »mitten im Leben Politik machen« will. Wenn Baerbock über die aus Sicht der Grünen zu niedrigen Hartz-IV-Sätze für Kinder sprach, erläuterte sie das mit dem Hinweis, dass einmal Buntstifte pro Schuljahr nicht reichten: »Bei uns sind die nach der Hälfte aufgebraucht.«

Die Doppelbelastung als Mutter und Politikerin erklärte Baerbock bewusst nicht zum Tabuthema, sondern münzte sie in ein Qualitätsmerkmal um. Es klang natürlich auch wahnsinnig menschelnd, wenn eine Kanzlerkandidatin sagt: »Ich habe zwei kleine Kinder und will nicht aufhören, Mutter zu sein, bloß weil ich Spitzenpolitikerin bin. Es wird Momente geben, da bin ich nicht da, weil es da wichtiger ist, dass ich bei meinen Kindern bin.«

Viele dieser Momente wird es in der laufenden Legislaturperiode nicht gegeben haben. Die Gegenwart ist geprägt von Kriegen und Krisen wie dem Überfall Russlands auf die Ukraine und dem Konflikt in Nahost. Außenministerin und Mutter Baerbock ist ständig unterwegs. Zur Weihnachtszeit postete sie auf ihrem Instagram-Kanal das Bild eines offenbar selbst gebastelten Adventskalenders. Braune Tütchen, rot-weißer Bindfaden, Strohsterne. Dazu die Zeilen: »... nach Barcelona, Brüssel, Skopje nun Päckchen packen: Euch allen eine schöne Adventszeit – der Welt zum Trotz.«

Mich rührten ihre Worte. Aber irgendwie auch die Tatsache, dass sie trotz vollem Terminkalender einen Adventskalender offenbar selbst gebastelt hatte, statt einen zu kaufen. Ob wohl ihre mehrheitlich männlichen Außenministerkollegen ihren Kindern auch Adventskalender basteln? »Ich habe das Glück, dass mein Mann mir viel abnimmt«, gab Baerbock im Wahlkampf zu. In einem Interview erzählte sie, ihren Töchtern angekündigt zu haben, künftig noch weniger zuhause zu sein. Es sei wichtig, »Regeln für unser Land zu machen«. Ob ihre Töchter ihre Mutter inzwischen auch »Annalena« statt »Mama« nennen?

Mich hat es damals schon sehr geschmerzt, als der Vierjährige mich in Videochats nur noch mit Vornamen ansprach. Allerdings saß ich deswegen nicht mit kummerkrummen Rücken am Schreibtisch bei der »Denver Post«. Vielmehr erlebte ich eine Phase ungeahnter Produktivität. Mütter sind emsige Büroarbeiterinnen, weil sie die wenige Zeit, die ihnen vor Betriebsschluss des Kindergartens bleibt, irre effektiv zu nutzen wissen. Das habe ich in Beurteilungsgesprächen mit meinen Chefs davor auch immer erzählt. Aber die schiere Anzahl an Texten, die ich in den Wochen ohne Familie in Denver fabriziert habe, beweist in meinem Fall leider das Gegenteil. Natürlich ist man ohne Kind noch produktiver. Plötzlich war so viel Platz in meinem Kopf, den ich für Reportage-Ideen, Texteinstiege, Neugierde auf die amerikanische Welt nutzen konnte. Fast hätte ich einen Roman geschrieben. Was eben alles möglich ist, wenn man nicht ausgelaugt von den Vereinbarkeitsverrenkungen am Ende des Tages neben dem Kleinkind einschläft.

Warum sich Männer nicht als Rabenväter fühlen

Neulich habe ich mit einem Politiker einen kurzen Moment lang nicht über Politik gesprochen. Sondern über Kinder. Er hat drei, ich habe eines. Eigentlich ging es da schon los mit meinem Neid. Dass Männer Kinder bekommen können, ohne sie unter Einsatz ihres Lebens auf die Welt bringen zu müssen, halte ich für eine der größten Ungerechtigkeiten der Natur.

Besonders neidisch aber machte mich seine Unbekümmertheit. Wie oft er es in der Woche schaffe, gemeinsam mit seiner Familie zu Abend zu essen, wollte ich wissen. »Wenn es gut läuft, einmal die Woche«, antwortete er. Er sagte das, ohne Mitleid von mir erheischen zu wollen. Es bildeten sich auch keine Tränen in seinen Augenwinkeln. Dabei hatte er einen wahnsinnig traurigen Satz gesagt. Da hat einer das Glück, drei Kinder zu haben. Sieht sie aber praktisch nie. Erst recht nicht am Wochenende. Da muss man als Vertreter einer Volkspartei schließlich beim Volk sein, also irgendwo

Grußworte halten oder Grundsatzreden schwingen, statt mit dem Nachwuchs zu schaukeln oder Drachen steigen zu lassen.

Natürlich würden seine Kinder ihn bitten, weniger zu arbeiten, sagte er, ohne den Eindruck zu erwecken, darüber schlaflose Nächte zu verbringen. Er wirkte fast stolz. Es schien, als würde er diese Bitte als eine Art Liebesbeweis verbuchen nach dem Motto: Meine Familie vermisst mich, sie scheint mich also zu mögen.

Seine Antworten fand ich deshalb so spannend, weil ich in ähnlicher Lage ganz anders reagieren würde. Kaum auszuhalten sind für mich die Vorwürfe meines Sohnes, wenn er sich ärgert, dass ich abends noch wegmuss oder ein paar Tage unterwegs bin. Es sind oft erbarmungslos klare Ansagen. »Mama, du denkst immer nur an dich«, heißt es dann zum Beispiel. Vorausgegangen waren Wochen, in denen ich beruflich in Berlin statt in München unterwegs gewesen war, mich am Wochenende zum Arbeiten ins Kellerbüro verabschiedet hatte, kurz, weniger Zeit als sonst für ihn gehabt hatte.

Warum scheinen Männer keine Angst zu haben, als Rabenvater zu gelten? Vielleicht, weil es das Wort »Rabenvater« gar nicht gibt. Was ja auch schon viel aussagt. Dafür gibt es noch ein weiteres abschätziges Wort für Mütter aus dem Vogelreich: »Glucke«. Gemeint ist eine Frau, die sich zu viel um die Kinder kümmert. Auch hier gibt es keine männliche Entsprechung. Der »Hahn im Korb« gilt als Mann, der etwas richtig gemacht hat.

Väter dürfen sein, was sie sein wollen, so scheint mir. Darauf bin ich neidisch. Dabei müsste ich sie doch eigentlich bemitleiden. Schließlich klaffen Wunsch und Wirklichkeit in ihrem Leben weit auseinander. So jedenfalls beschreibt es der Väterreport des Bundesfamilienministeriums. »Die Wünsche der Väter nach einer aktiven Vaterschaft und einer partnerschaftlichen Aufgabenteilung bilden sich im Familienalltag noch nicht umfassend ab«, heißt es da.

Nur 7 Prozent aller Väter arbeiten Teilzeit, der Rest schuftet Vollzeit. Nur 17 Prozent der Eltern in Deutschland teilen sich partnerschaftlich die Kinderbetreuung, obwohl 55 Prozent der Väter etwa die Hälfte der Kinderbetreuung übernehmen möchten. Rund 45 Prozent der Väter denken, nicht genug Zeit für ihre Kinder zu haben. Warum ändern sie dann nichts daran?

Klar, oft ist der freie Wille durch finanzielle Zwänge eingeschränkt. Teilzeit muss man sich leisten können. Oft ist sein Gehalt höher als ihres, wenn sich Nachwuchs ankündigt. Was gar nicht mal an der ungleichen Bezahlung zwischen Frauen und Männer liegen muss, sondern am klassischen Dating-Verhalten der Geschlechter. Was ich meine? Um jetzt nicht Klischees auf Blondinenwitz-Niveau zu zitieren, blicke ich zurück auf meine eigene Dating-Historie: Alle Vorgänger meines Mannes waren älter als ich. Zu allen habe ich hochgeblickt. Kurzum: Womöglich scheinen Frauen sich besonders gerne an solche Männer zu binden, deren kulturelles, materielles oder immaterielles Kapital ihr eigenes überragt. Wer älter ist als seine Partnerin, verdient jedenfalls häufig allein deswegen mehr Geld. Und bezahlt folglich zum größeren Teil die Mietwohnung im teuren München, den gemeinsamen Biergartenbesuch nach Feierabend und den Kindergeburtstag im Trampolinpark. Trotzdem verstehe ich nicht, warum ein gutes Gehalt nicht viel mehr Väter dazu verleitet, ihr Kapital in Zeit mit dem Nachwuchs zu investieren. Wer viel verdient, kann sich Elternzeit, Teilzeit oder eine andere Form von Familienauszeit doch leisten. Stattdessen finden sich viele Väter offenbar damit ab, dass sie in den ersten Lebensjahren ihrer Kinder weniger kostbare Zeit mit ihnen verbringen als die Mütter. Glaubt man soziologischen Forschungsergebnissen, empfinden viele die Ernährerrolle insgeheim als Last, trauen sich aber nicht, sie infrage zu stellen. Die Kinder finden sich damit ab, dass ihre Väter eben viel arbeiten und nur mit Glück zum Abendessen zuhause sind. Und die Mütter? Oft werden sie als Opfer einer immer noch patriarchalisch organisierten Gesellschaft betrachtet, die sich mit weniger Gehalt, weniger Rente und weniger Selbstverwirklichung abfinden müssen. Dabei wirken viele der Teilzeitmütter aus meinem Bekanntenkreis nicht wirklich traurig darüber, dass sie nicht noch spät nachts berufliche Mails beantworten oder sich in irgendeinem Karriere-Hamsterrad im Rennen um die nächste Gehaltserhöhung verausgaben müssen. Es ist schon auch ein wahninniges Privileg, Zeit für seine Kinder zu haben. Diejenige in der Familie zu sein, der die Herzen der

Töchter und Söhne zuzufliegen scheinen. Als ich eine Zeit lang im Beliebtheitsranking unseres Sohnes klar vor meinem Mann an der Spitze stand, war das total schön. Nur leider – in unserem Fall – auch sehr unfair.

Jeden Abend singen entweder mein Mann oder ich unserem Sohn die immer gleichen drei Schlaflieder vor. Schwer zu sagen, wer von uns häufiger »Der Mond ist aufgegangen« angestimmt hat, während der Kleine sich in seine Bettdecke eingekuschelt hat. Klar ist nur, wem unser Sohn lieber zuhört: »Mama, du singst besser«, flüsterte er mir in den Monaten nach meiner Zeit in Amerika ins Ohr.

Objektiv betrachtet konnte das nicht stimmen: Mein Mann hat jahrelang im Kirchenchor gesungen, den sein Vater wiederum lange geleitet hat. Die Männer in meiner Familie sind definitiv begnadetere Sänger als ich. Das Urteil unseres Sohnes war so ungerecht, dass ich versucht habe, es meinem Mann zu verheimlichen. Als er es seinem Vater eines Abends selbst offenbarte, war dieser erkennbar getroffen.

So wie ich Monate zuvor noch darunter gelitten hatte, nur noch mit Vornamen angesprochen zu werden, verletzte es nun ihn verständlicherweise, dass unser Kind meine Nähe und meine amateurhafteren Gesangseinlagen mehr zu genießen schien als seine – obwohl er als Vater mit genauso viel Liebe mindestens genauso viel, wenn nicht sogar mehr Zeit an der Seite seines Sohnes verbringt wie ich.

Wenn mein Mann kocht, gibt es selbst gemachte Karotten-Zucchini-Puffer mit Joghurt-Dip. Wenn ich koche, Fischstäbchen mit Schranke rot-weiß. Vielleicht rangierte ich deshalb in der Zeit nach dem Amerika-Aufenthalt erkennbar höher im Kurs als er? Mein Mann kann über derlei Erklärungsversuche nur lachen. Für ihn war immer schon klar: Es gibt ein natürliches Band zwischen mir und meinem Sohn. Schließlich hätte ich den Jungen mehr als neun Monate im Bauch getragen und auf meinen Herzschlag konditioniert.

Als er mir das eines Tages so vortrug, musste ich lachen. Genauso gut, überlegte ich laut, könne man behaupten, ich hätte das Kind durch die Geburt traumatisiert. Schließlich war es sicher keine angenehme Erfahrung für unseren Sohn, aus der warmen Fruchtblase hinaus ins kalte Krankenhauszimmer gepresst zu werden. Das sehr eindringliche Schreien von Neugeborenen wirkt auf mich jedenfalls nicht wie ein Ausdruck purer Lebensfreude und Liebe.

Natürlich sind die ersten Lebenswochen und -monate eines Neugeborenen geprägt von einer besonderen Nähe zur Mutter. Jedenfalls dann, wenn es gestillt wird. Aber alle besonderen Bindungen und Verbindungen, die in der Zeit danach wachsen, sind kulturell bedingt – sie entstehen nicht von Natur aus.

Die Autorin Susanne Mierau schreibt in ihrem Buch »Mutter sein«: Das, was wir als natürliche Mutterliebe betrachten, sei »in Wahrheit eine in patriarchalen Kulturen erfolgte Sozialisation der Frau, auf die die alleinige Verantwortung der feinfühligen Aufzucht des

Nachwuchses übertragen wurde, während dies ursprünglich eine Gemeinschaftsaufgabe war«. Dass wir Mütter häufig eine besondere Verbindung zu unseren Kindern hätten, entspränge dem Umstand, dass wir »bedingt durch die Lebensumstände von Frauen und auch die Erwartungen an Mutterschaft sehr viel Zeit mit ihnen verbringen«. Das natürliche Band ist also in Wahrheit eher eine patriarchale Fessel.

Ich bestreite nicht, dass ich eine Zeit lang mehr Liebe von meinem Sohn abbekommen habe als der Vater, ohne dass ich mehr als er dafür getan hätte. Vielleicht war die Anhänglichkeit meines Sohnes aber weder auf eine besondere, natürliche Nähe zwischen ihm und mir zurückzuführen. Noch auf meine Fischstäbchen-Kochkünste. Sondern auf meine häufige Abwesenheit in der Zeit davor.

Gerade die Elternteile, die weniger präsent sind im Alltag der Kinder, werden im Moment ihrer Anwesenheit mehr vergöttert. Was zu unschönem Neid zwischen Eltern führen kann. So beschreibt es jedenfalls die US-amerikanische Autorin Jancee Dunn in ihrem Buch mit dem schönen Titel »How to not hate your husband after kids«. In ihrem Fall war es der Vater, mit dem die Kinder mehr Spaß zu haben schienen – obwohl er weniger in der Familie mithalf als die Mutter. Kaum hatte der Vater einmal Zeit, war er der Held.

Mein Mann ist trotz aller anderslautender Argumente aber nicht von dem Glauben abzubringen, dass es eine besondere Bindung zwischen Mutter und Kind gibt. Ich bräuchte doch nur in die Natur zu schauen, sagt er: Überall sehe man weibliche Tiere, die ihre Jungen aufzögen. Der Nachwuchs folge wie von Zauberhand der Mutter. Warum sollte das bei den Menschen anders sein?

Weil ich keine Elefantenkuh bin, zum Beispiel. Stattdessen spiele ich mit dem Sohn häufiger Superhund-Rollenspiele als mein Mann. Würde er sich auf Kommando in Chase oder Marshall von »Paw Patrol« verwandeln, flöge auch ihm die Gunst des Kindes zu.

Hauptsache, es kracht!

»Paw Patrol«, hierzulande vielleicht mit »Pfotenpatrouille« zu übersetzen, ist eine kanadische Fernsehserie für Kinder, in der eine Bande aus Hundewelpen die heile Welt an einem »Adventure Bay« genannten Ort noch etwas heiler macht. Kinder, die nur eine dieser rund zehnminütigen Folgen zu Gesicht bekommen haben, stürzen unmittelbar danach in ein frühkindliches, durchaus bedenkenswertes Abhängigkeitsverhältnis: Plötzlich betteln sie jeden Tag mehrmals um mehr »Popotrol« und zeigen im Supermarkt aufgeregt auf alles, von dem die zuckersüßen Heldenhunde hinunterlächeln. Es gibt von A wie dem aufblasbaren »Paw Patrol«-Sessel bis zu Z wie der »Paw Patrol«-Zentrale für mehr als 100 Euro jeden Mist zu kaufen, den sich Merchandise-Abteilungen so ausdenken.

Da uns befreundete Familien gewarnt hatten, versuchten mein Mann und ich lange, den Sohn vor Kontakt mit »Paw Patrol« zu bewahren. Er durfte die Serie folglich nicht gucken. Leider sah er sie irgendwann bei einem Kindergartenfreund. Als er begann, eine irgendwo ergatterte Plastiktüte mit »Paw Patrol«-Aufdruck als eine Art Heiligtum zu verehren und über sein Bett zu hängen, erbarmten wir uns: Eine Zeit lang durfte er am Wochenende eine einzige Folge seiner »Helden auf vier Pfoten« anschauen.

Dann begann die Coronakrise, der Fernseher war plötzlich jeden Tag an, und – huch – irgendwann lief die letzte Folge der letzten Staffel »Paw Patrol« über unseren Streaming-Kanal. Ich atmete auf. »Jetzt schaue ich alle noch mal von vorne«, sagte der Sohn.

Jeder sogenannte »Fellfreund« hat eine andere Superkraft, mit der er in Not geratene Pinguinbabys retten oder tollpatschigen Menschen aus der Klemme helfen kann. Der pädagogische Wert der harmlosen Handlungen liegt bei unter null. Noch schlimmer als der grellbunten und weichgezeichneten »Paw Patrol«-Dramaturgie auf dem Bildschirm zu folgen, ist nur, die Handlung nachspielen zu müssen – am besten, indem man auf allen vieren durchs Kinderzimmer krabbelte. »Fellfreunde, ab in die Zentrale, Ryder braucht uns!«, rief unser Junge in seiner Rollenspielphase und versammelte seine Kuscheltiere und mich vor seinem Stockbett, gab Anweisungen zum bevorstehenden Rettungseinsatz, flog anschließend zum Mond, durchpflügte schnell noch einen Dschungel. Hauptsache, am Ende krachte es.

Da unser Sohn ein Einzelkind ist, konnte er logischerweise keine Geschwister für seine täglichen Weltrettungsmissionen als Hund einspannen. Also opferte ich mich. Ich muss gestehen, dass mich diese Rollenspiele mehr anstrengten als amüsierten. Trotzdem ließ ich mich darauf ein. Anders als mein Mann, der möglichst unauffällig seine Bürotür schloss, wenn er im Kinderzimmer nebenan ein »Ab in die Zentrale!« vernahm.

Meist hatten die Abenteuer, bei denen mich der Sohn so oft wie möglich an seiner Seite haben wollte, überhaupt keine Logik. Wollte ich die Handlung spannend machen, indem ich zum Beispiel im Dschungel einen Affenangriff simulierte, schrie er erbost auf. Offenbar unterbrach ich seinen eigenen Kreativitätsdrang, oder das von mir angestrebte Spielniveau war ihm einfach noch zu hoch. Andererseits wollte ich mich auch nicht stumm durchs Kinderzimmer jagen lassen, ferngesteuert von einem Fünfjährigen auf dem Welpen-Trip.

Nach maximal 15 Minuten konnte und wollte ich mich meist nicht länger zum Affen oder Hund machen und brach unter irgendeinem Vorwand das gemeinsame Spiel ab. Eigentlich schade. Aber immerhin waren es 15 gemeinsame Minuten Spaß.

Laut einer Studie der Lego-Gruppe mit Kindern aus neun Ländern spielen in Deutschland nur vier von zehn Kindern rein zum Spaß. Häufig wünschten sich Mama und Papa hierzulande im Vergleich zu anderen Ländern einen konkreten Lernzweck. Dabei unterschätzten viele die Macht des freien Spiels, mit denen sich Kinder die Welt erobern.

Dieselbe Studie kam auch zu dem Ergebnis, dass in jeder dritten Familie in Deutschland weniger als

43 Minuten pro Tag gemeinsam gespielt wird. Mit Spielen sind natürlich nicht nur Rollenspiele gemeint. Müsste ich angeben, wie viel Zeit ich am Tag mit meinem Sohn richtig spiele, würde ich sicherlich einen viel höheren Wert schätzen – dabei bewegt er sich vermutlich wirklich unter einer Stunde.

Hätte ich mich viel länger als die täglichen 15 Minuten in »Paw Patrol«-Abenteuer stürzen sollen? Aber warum musste es diese verdammte Hundeserie sein? Warum vergötterte unser Kind im Kita-Alter nicht den Pumuckl? Die Geschichten von Meister Eder und seinem rothaarigen Kobold spielen in unserer Wahlheimat München und thematisieren alltägliche Abenteuer im Leben von Kindern, zum Beispiel die Gefahr von heraufziehenden Gewittern beim Wandern in den Bergen. Pädagogischen Tiefgang oder irgendeinen Bezug zu realen Herausforderungen, denen ein Kitakind trotzen muss, konnte ich hingegen im Hundeuniversum nicht erkennen. All meine Versuche, die »Paw Patrol«-Begeisterung des Nachwuchses mit den Fernsehhelden meiner Kindheit zu bekämpfen, scheiterten allerdings.

Eines Tages zum Beispiel schauten wir zusammen die erste Folge »Heidi« an. Da war unser Sohn vielleicht vier oder fünf Jahre alt. Gut, war vermutlich zu früh für so schweren Stoff: Ein kleines Mädchen, die Eltern beide tot, wird in der »Heidi«-TV-Serie aus den Achtzigern von ihrer recht kaltherzigen Tante zum missmutig dreinblickenden Großvater auf eine abgelegene Berghütte gebracht und dort vorerst sich selbst überlassen. Unser Sohn hielt sich zeitweise die Hände schützend vors Gesicht, als würde er dem ersten Horrorfilm seines Lebens beiwohnen. Auch mir kamen die Tränen. Es handelte sich wohlbemerkt um eine süßlich in Bonbonfarben gestaltete Zeichentrickserie. Trotzdem mutete man früher den kindlichen Zuschauern offenbar viel mehr Tiefgang zu als heute.

Auch die alten »Biene Maja«-Folgen, in denen das Fressen und Gefressenwerden im Insektenreich recht realitätsnah abgebildet werden, konnten den Sohn nicht von seinen Kulleraugenwelpen entfremden. Dafür weiß ich jetzt, woher ich meine Spinnenphobie habe.

Multiple Krisen

Ideal wäre gewesen, unser »Paw Patrol«-Kind hätte seine Leidenschaft mit Gleichaltrigen aus der Nachbarschaft oder dem Kindergarten ausleben können. Nur: Dafür müsste man Playdates ausmachen. Aber weil mein beruflicher Terminkalender meist so voll ist, findet sich so schnell keine Lücke. Außerdem tendiere ich dazu, die wenige Zeit, die ich gemeinsam mit meinem Sohn verbringe, dann auch zu zweit zu nutzen. Zum Beispiel für eines der wenigen echten gemeinsamen Hobbys: das Malen.

So schwer es mir fällt, mich neben den Jungen auf den Spielteppich in seinem Kinderzimmer zu setzen und Hunde oder Legomännchen gegeneinander kämpfen zu lassen. So gerne überlegen wir uns gemeinsam Fantasiewelten oder Superhelden, die wir dann zusammen malen. Über den Lavamann, der am Ende aussah wie ein trauriges Faultier, mussten wir beide so lachen, dass ich sicher noch in zwanzig Jahren grinsen muss, wenn ich die Zeichnung aus einer der Kunstmappen fische.

Die Werke, die wir zeichnen, kleben oder malen, konserviere ich in Mappen. Nicht, weil sie alle so schön oder lustig wären. Ich traue mich nicht, sie wegzuschmeißen. »Es gibt einen speziellen Platz in der Hölle für Frauen, die sich einander nicht helfen«, sagte einst die US-Diplomatin Madeleine Albright. Der Platz in der Hölle für Frauen, die die Kunstwerke ihrer Kinder in der Altpapiertonne entsorgen, ist vermutlich direkt daneben.

Na gut, ich habe schon mal Bilder unseres Jungen weggeschmissen. Die ausgemalten Pokémonfiguren etwa, die er gern aus Kita oder Hort mitbrachte. Viele Kunstwerke aber, bei denen er sich erkennbar Mühe gegeben hat, hebe ich auf. Inzwischen existieren fünf Ordner und verschiedene Schnellhefter, in denen ich die Bilder einsortiere. In der Zeit, als die gemalten Figuren nur aus Köpfen bestanden und Kringelkreise von Eiskugeln bis Fahrradreifen alles darstellen konnten, habe ich sogar immer noch in die untere Ecke des Papiers notiert, wie der kleine Künstler sein Werk erklärt hat.

Als ich mit dem Archivieren begonnen habe, dachte ich daran, dass es vielleicht schön wäre, dem eines Tages 18-Jährigen zum Geburtstag eine Art Bilderbuch voller Selbstgemaltem überreichen zu können. Keine große Kunst, dafür ein kleines Stückchen konservierte Kindheit. Inzwischen glaube ich, dass es vielleicht gar nicht darum geht, dem Sohn einen Gefallen zu tun. Gut möglich, dass in Wahrheit ich diejenige bin, die schöne Erinnerungsstücke an früher braucht.

Damit ich bis dahin aber nicht ein ganzes Bücherregal oder einen halben Keller voll abgehefteter oder in Kisten verpackter Kinderkunst habe, in dem ich die wirklichen Perlen wie den Faultierlavamann gar nicht mehr finde, müsste ich viel stärker aussortieren. Viel mehr wegwerfen. Mache ich nächstes Wochenende! Mache ich nächsten Monat! Mache ich im nächsten Urlaub! Heißt natürlich: Ich mache es nie.

Fürs Kuratieren der täglichen Kinderkunst fehlt mir schlicht die Zeit. Und die Kritzeleien überall, wo es sich anbietet, aufhängen? Geht auch nicht. Kaum hängt Selbstgemaltes im Raum, sieht alles drumherum nach Kinderzimmer aus. Auch die Kühlschrankwand ist in unserem Haushalt keine Pinnwand. Wir mögen das matte Silber, weil es einen schönen Kontrast zum Dunkelblau der Küchenfronten bildet. Für Gemütlichkeit im Raum sorgen der dunkle Holzboden und die Kochbücher in den Regalen – nicht das Zettel- und Zeichnungschaos am Kühlschrank, das ich zu meiner Studentenzeit in WG-Küchen meist sehr wohnlich fand. In meinem SPIEGEL-Büro gibt es eine Pinnwand, an der ein mit Stempeln verzierter Weihnachtsbaum hängt, den unser Sohn gebastelt hat. Mein Mann hat die vom Jungen gezeichnete Kollision der Titanic mit einem Eisberg an seiner Bürotür angebracht. Aber ansonsten ist unsere Umgebung ziemlich kinderkunstfrei.

Wir müssten Besuchern sonst auch einiges erklären. Einmal hat der Junge bei einer unserer gemeinsamen Malstunden eine Weltuntergangsszenerie entworfen, die in jedem Hollywoodfilm auf eine schwere kindliche

Traumatisierung hinweisen würde. Auf dem in Schwarz gehaltenen Kunstwerk bedroht eine »Leo Blutzahn« genannte Riesenfledermaus die sich in Flammen auflösende Erde. Zombies, mit der Aufschrift »Mörder« oder »Corona« gekennzeichnet, wandeln auf ihrer Oberfläche. Ein brennender Asteroid hat Kirchen und Häuserdächer in Brand gesetzt.

Der Junge war so stolz auf sein Werk, dass er es mit Tesafilm an seiner Kinderzimmertapete befestigt hat. Ich hätte es lieber weggeschmissen. Es hängt heute noch dort. Ich hatte in den letzten drei Jahren leider keine Zeit, es abzuhängen. Wenn ich eines Tages einer Fee begegnen sollte, ist ganz klar, was ich mir wünschen würde: einen Tag, der 32 Stunden hat. Oder eine Woche, in der die Menschen wie selbstverständlich an nur vier statt fünf Tagen arbeiten würden. Mehr Zeit, wie oft schon habe ich mir mehr Zeit gewünscht!

Wozu Kinder kriegen, wenn man keine Zeit hat, sich um sie zu kümmern? Es ist eine fiese Frage. Die ich mir allerdings selbst schon oft gestellt habe. Oder war es mein schlechtes Gewissen? Eine ehrliche Antwort wäre, dass ich unterschätzt habe, wie zeitaufwändig ein Kind und vermutlich erst recht mehrere Kinder sind. Es sind ja nicht nur die 30 Minuten Malsession. Oder die paar Handgriffe zum Einordnen eines Kunstwerks in den Malordner. So eine Malkiste muss auch erst mal befüllt werden, Wasserfarben gehen aus und müssen neu gekauft werden. Damit die Malkiste Platz im Kellerregal hat, müssten andere Dinge endlich einmal zum Wertstoffhof gebracht werden. Hier verwende ich absichtlich den Konjunktiv. Müsste!

Ich müsste, könnte, sollte so vieles tun, würde mir nicht die Zeit fehlen. Womöglich hätte ich sogar ein zweites Kind. Aber Kinder und Karriere? Wie soll das gehen, wenn schon ein Kind und Karriere das Leben zum Doppelleben machen? Mich wundert es jedenfalls nicht, dass die Geburtenrate in Deutschland sinkt. In den letzten zwei Jahren ging es in Sachen Reproduktion rapide bergab. Mit 1,36 Kindern pro Frau war das deutsche Fertilitätsniveau im Jahr 2023 jedenfalls so niedrig wie seit über zehn Jahren nicht mehr. Forscher vom Bundesinstitut für Bevölkerungsforschung vermuten als Ursache für das zurückhaltende Paarungsverhalten der Deutschen »multiple Krisen«. Die Menschen seien vermutlich so sehr verunsichert, dass sie ihren Kinderwunsch nicht umsetzten.

Na gut, wenn selbst Kinder wie unser Sohn mit Hingabe Weltuntergangsszenarien zeichnen, ist vielleicht wirklich etwas aus dem Lot geraten. Und klar, von der abstürzenden Geburtenrate über den Aufstieg der AfD bis zur Plage der ekelhaften Papierstrohhalme in Schnellrestaurants lässt sich derzeit vermutlich jede auffällige Abweichung von der Norm auf den Krieg in der Ukraine, die gestiegene Inflation oder den fortschreitenden Klimawandel zurückführen. Aber ich habe ja schon lange vor Putins mörderischem Griff Richtung Europa kein zweites Kind bekommen.

Ich glaube nicht, dass der Rückgang der Geburtenrate ein Krisensymptom ist. Kann es nicht vielleicht sein, dass die Deutschen deshalb weniger Kinder bekommen, weil Frauen viel freiere Entscheidungen treffen als früher? Die historisch tiefe Geburtenrate mag eine Hiobsbotschaft für die Zukunft der deutschen Sozialsysteme sein. Für die Emanzipation ist sie doch eigentlich ein Erfolg.

Mir scheint, dass die vielen Ein-Kind-Mütter oder gar Kein-Kind-Mütter von heute nicht unglücklicher oder verunsicherter sind als etwa die Mütter der Babyboomer. Weniger Kinder heißt auch weniger Sorgen, weniger Sorgearbeit, mehr Geld, mehr Auswahlmöglichkeiten. Und mehr Zeit!

Die Sache mit dem Gottvertrauen

Zu der Zeit, als er mit großer Hingabe Weltuntergangsszenarien malte und gleichzeitig die Coronapandemie wütete, stellte unser Sohn eine interessante Frage. Als er sich mal wieder ärgerte, dass er seine Freunde nicht sehen durfte und weder Schwimmbad noch Eislaufbahn offen waren, fragte er erbost: »Wo ist Gott?« Ich antwortete wahrheitsgemäß: »Keine Ahnung.«

Ich bin evangelisch getauft, konfirmiert, habe kirchlich geheiratet, aber besonders gläubig war ich nie. Meine Bibel steht im Bücherregal meines Kinderzimmers im Haus meiner Eltern. »Großes Gottvertrauen«, wie es mir die Gartenparty-Frau scherzhaft unterstellt hatte, besaß ich nie.

Wie kann ein gütiger, liebender und angeblich allmächtiger Gott Menschen unverschuldet sterben lassen, an Krebs erkranken oder an Long-Covid leiden lassen? Warum verhindert er nicht, dass Menschen unverschuldet in wirtschaftliche Not geraten? Gibt es Gott überhaupt? Obwohl ich mindestens einmal im Jahr an

Weihnachten in die Kirche gehe, weiß ich wenig über das Christentum. Dennoch: Mein Mann ist evangelisch getauft, ich auch, also wurde unser Junge als Baby auch evangelisch getauft. Seitdem steht eine Kinderbibel im Kinderzimmer-Bücherregal. Die unser Junge als Fünfjähriger häufig hervorzog, weil er daraus vorgelesen haben wollte. Vieles vom Basic-Christentum-Wissen aus der Kinderbibel hatte ich im Laufe der Jahre vergessen. Dass wir an Pfingsten die Ankunft des Heiligen Geistes feiern, eine im Bilderbuch als orangefarbener Nebel dargestellte undefinierbare Macht, die uns Menschen neue Hoffnung und Zuversicht schenken soll, wusste ich nicht.

Ich bin kein Mensch, der nach übersinnlichen Erklärungen für unser Dasein auf der Welt sucht. Die vielen Missbrauchsskandale, die Abwesenheit von Frauen am Altar und der aus meiner Sicht inhumane und auch gefährliche Zölibat in der katholischen Kirche haben mein Interesse an Religion nicht unbedingt vergrößert seit meiner Konfirmation.

Gleichzeitig spürte ich immer schon den vielleicht bildungsbürgerlichen Impuls, unseren Sohn mit der Weihnachtsgeschichte bekannt zu machen. Nie hätte ich aber damit gerechnet, dass auch die anderen Geschichten in der bunt bebilderten Kinderbibel auf großes Interesse stoßen. Bis heute bittet mein Sohn mich, ihm zum Einschlafen daraus vorzulesen. Dabei gibt es in seinem Bücherregal im Kinderzimmer heiterere Geschichten als die vom menschenfressenden Walfisch, vom gekreuzigten König der Juden oder vom bösen König Herodes, der Babys töten lässt. Irgendetwas scheint den Jungen an diesen Horrorstorys zu faszinieren.

Kinder können »Dinge in einer Schlichtheit wahrnehmen, wo sich Erwachsene manchmal selbst im Weg stehen«, sagt der Religionswissenschaftler Frank Lütze. Die Religion verhandle existenzielle Grundfragen wie den Ursprung und den Sinn des Lebens. Und sie gibt Antworten, mit denen Kinder offenbar viel anfangen können. »Ein gesundes Gottvertrauen kann Kinder im Leben stärken«, glaubt Lütze.

Die Lieblingsgeschichte unseres Jungen ist die, wie Gott die Welt schuf, erst den Himmel und die Erde, dann die Pflanzen, Tiere und schließlich den Menschen. »Und Gott sah, dass es gut war«, dieser Satz wiederholt sich so häufig, dass ich schon überlegt habe, diese sektenguruhafte Beschwörungsformel einfach wegzulassen beim Vorlesen. Vielleicht geht aber auch so ein Sicherheitsgefühl von diesem Satz aus, dass ihm diese Geschichte besonders gefällt?

Unser Sohn interessierte sich schon immer für alles, was mit Weltraum zu tun hat: für Raketen natürlich. Für Planeten und unser Sonnensystem. Er weiß, dass das beim Urknall entstanden ist. Was aus seiner kindlichen Sicht offenbar perfekt mit der Erzählung aus der Bibel harmoniert: Irgendwer muss diese Megaexplosion eines winzigen Etwas ja ausgelöst haben, aus dem unser Universum entstanden ist. Ich hingegen finde, Wissenschaft und Religion schließen sich aus. Von Dinosauriern ist in der Bibel jedenfalls nirgends die Rede. Schon oft war ich versucht, mein Kind auf die Widersprüchlichkeiten hinzuweisen, die seine »Was ist was«-Bücher hinsichtlich christlicher Glaubenslehre aufwerfen.

Warum Gott keine Briefe vom Himmel regnen lasse, nachdem man die Hände gefaltet habe, um ihn lautlos etwas zu fragen, wollte der Junge zum Beispiel wissen. Ich hätte antworten können: »Weil es ihn vielleicht gar nicht gibt.« Sagte aber: »Du kannst Gottes Stimme in deinem Kopf hören.« »Vielleicht« sagte der Sohn daraufhin, »gibt es ganz viele Götter. Für jeden Kopf einen.« Wer will da widersprechen?

Eigentlich bin ich unserem Jungen dankbar für die Renaissance des christlichen Glaubens im Familienleben. »Ist Gott ein Junge oder ein Mädchen?«, wollte er wissen. »Es stinkt zu Gott im Himmel«, sagte er, nachdem er draußen beim Spielen in einen Hundehaufen getreten war. Gerade in den seltsamen Pandemiemonaten voller Unsicherheiten und virologisch begründeter Zumutungen war es wohltuend, dem Primat der Wissenschaft mit etwas so Irrationalem wie dem Glauben an Gott zu begegnen.

Davor hätte ich vermutlich behauptet, dass es egal ist, ob man sonntags in der Kirche oder dienstags im Fitnessstudio seinen Geist zur Ruhe kommen lässt. Mittlerweile glaube ich, dass Religion mehr ist als ein Wellnessangebot für die Seele. Sie erzeugt nicht nur Ruhe im Kopf, sondern kann helfen, die Stille auch auszuhalten.

Der Kontrollverlust, den unsere Gesellschaft erleide, sei eine »schwer zu ertragende Kränkung des spätmodernen Menschen«, schrieb der Theologieprofessor Christoph Raedel in einem Beitrag zur Theodizeefrage in Zeiten von Corona. Ob Gott die Schöpfung entglitten sei? Statt zu fragen, ob das Mädchen oder der Junge im Himmel den Laden noch im Griff habe, sollten wir uns zunächst einmal eingestehen: »Wir haben ihn jedenfalls nicht im Griff.«

Einmal, als ich nach Zähneputzen, Duschen, Vorlesen und Vorsingen neben unserem Jungen im Bett lag, fragte er: »Mama, was hättest du gerne?« Es fiel mir in dem Moment schwer, mehr zu wollen, als mit einem gesunden Sohn im Arm nach einem anstrengenden Tag voller Homeoffice, Alltagsorganisation und Weihnachtsplanung einzuschlafen. Was wünsche ich mir? »Eigentlich gar nicht so viel mehr als das, was ich bereits habe«, antwortete ich. »Gut«, sagte der Sohn, faltete die Hände und schickte die Bestellung Richtung Himmel.

VERRAT AM FEMINISMUS

Warum habe ich meinen Nachnamen aufgegeben?

Mit der ersten und einzigen deutschen Bundeskanzlerin Angela Merkel habe ich nicht viel gemeinsam. Außer vielleicht das: Wir haben beide die Nachnamen unserer Ehemänner angenommen. Die Ex-Kanzlerin hat ihn sogar nach der Scheidung von Ulrich Merkel behalten. Sie könnte Angela Kasner heißen. Ich Anna Kistner. Gäbe es das Patriarchat nicht.

Dass ich mich seiner Macht unterworfen habe, hängt mit unserer Familiengründung zusammen. Ich war im neunten Monat schwanger, also aufgeladen mit allerhand Hormonen und neuartigen Gefühlen, als mein Mann vor mir auf die Knie sank und fragte: »Willst du meinen Nachnamen annehmen?« Er hatte sogar Blumen gekauft und meine Lieblingsschokoriegel wie besonders wertvolle Blüten im Strauß verteilt.

Zu diesem Zeitpunkt waren wir längst verheiratet. Ich hatte bei der Trauung im Standesamt meinen Mädchennamen behalten. Mädchenname! Wie das schon klingt. Als ob ich erst durch eine Hochzeit zur Frau würde. Als ob ein Mädchen wie ein glitzernder Pokal aus der Vitrine des weinenden Vaters genommen und der Obhut des strahlenden Ehemanns übergeben werden müsste. Darauf verzichtete ich gern. Mein Mann war bei unserer Hochzeit nicht eine Sekunde lang gekränkt, dass ich seinen Nachnamen verschmähte. Das änderte sich allerdings, als sich Nachwuchs ankündigte. Während andere Eltern neun Monate über den Vornamen des Kindes streiten, diskutierten wir über den künftigen Nachnamen unseres Sohnes. Wie so viele wollten wir einen Namen für alle, für Eltern und Kind. Weil es den Alltag auf Reisen, beim Elternabend, in der Kinderarztpraxis einfacher macht. Und weil es Gräben in eine Familie reißen kann, wenn das Kind namentlich näher bei einem Elternteil ist als beim anderen.

Die Argumente für meinen Nachnamen damals waren nicht schlecht: Ich bin Journalistin, mein Nachname ist meine Visitenkarte, mein Lebenslauf, meine Arbeitsprobensammlung. Außerdem kann man so schön »Wie Kästner, nur mit i« sagen. Den Namen »Clauß« wiederum buchstabiert man immer wieder, dennoch schreibt ihn jeder falsch. Mein Mann entgegnete, dass die klangvollsten Künstlernamen aus einem zweisilbigen Vornamen und einem einsilbigen Nachnamen bestünden: Thomas Mann, Bertolt Brecht, Anna Clauß. Wie gesagt, ich war randvoll mit Hormonen und offenbar größenwahnsinnig, als ich geschmeichelt von dieser Argumentationslogik einwilligte, nach der Geburt unseres Kindes den Nachnamen des Vaters anzunehmen.

Wenn ich die Einzige wäre, die im Moment der Familiengründung die eigene Identität als irgendwie zweitrangig empfunden hat, wäre das zu verschmerzen. Aber dass die überwältigende Mehrheit aller Frauen in diesem Land ähnlich tickt, finde ich dann doch sehr bedenklich. Seit drei Jahrzehnten sind Ehen ohne Einheitsnamen erlaubt – davor konnte der Mann seinen Namen durchsetzen, ein Doppelname war dann die einzige Möglichkeit für Frauen, die nicht aufgeben wollten.

Ich wollte nicht aufgeben und tat es dann doch. So wie 75 Prozent aller Ehefrauen – laut einer Studie der Gesellschaft für deutsche Sprache aus dem Jahr 2018 wählten drei Viertel aller Ehepaare den Namen des Mannes als Familiennamen. Nur 6 Prozent entschieden sich für den Familiennamen der Frau. Ich kenne einen Herrn, der lieber weiter Bohnensack heißen wollte, statt mit dem Geburtsnamen seiner Frau zum König zu werden. Friedrich Merz könnte heute Friedrich Sauvigny heißen, hätte sich der Familienname seiner Mutter durchgesetzt. Wer weiß, was er mit diesem wohlklingenden Namen in der Politik alles hätte werden können. Womöglich wäre er längst Kanzler.

Was mich am patriarchalischen Gewohnheitsrecht, dass Familien nach den Männern benannt werden, stört, ist die unbewusste Festlegung auf den Vater als Führungsfigur im Familiengefüge. Klar, wichtiger als die Gleichberechtigung auf Papier ist die gelebte Praxis. Oft aber verschiebt sich selbst bei noch so emanzipierten Paaren mit der Geburt des Kindes oder der Kinder nicht nur der Nachname, sondern die Macht.

Sie bleibt länger in Elternzeit, sie pausiert länger im Job, sie reduziert die Arbeitszeit deutlicher als er – und irgendwann hat sie eine sehr kleine Rente, während er genug Geld hat, per zweiter Ehe einer zweiten Frau seinen Nachnamen zu schenken. Das klingt jetzt pessimistisch, so als würde ich nicht an die ewige Liebe glauben, was ich natürlich tue. Aber reicht es nicht, sein Herz zu verlieren? Warum muss man den Mädchennamen auch noch aufgeben?

Die einzige Begründung, die mir zumindest auf den ersten Blick einleuchtete, war die der Philosophin Svenja Flaßpöhler. In einem Interview erzählte sie von ihrem »feministischen Anspruch« und Impuls, zu sagen: »Jetzt sind wir Frauen damit dran, unsere Namen weiterzugeben.« Aber als ihre Tochter ein Jahr alt war, besann sie sich, dass Mutterschaft im Gegensatz zur Vaterschaft unbezweifelbar sei. Folglich sei sie bereit gewesen, dem Vater die »symbolische Verbindung« zur Tochter per gleichem Nachnamen zu überlassen.

Ihr Mann Florian Werner lehnte dann ab mit der Begründung, es sei »bürgerlicher Quatsch«, dass der Vater »eine Linie fortführt«, indem er seinen Nachnamen an die Kinder weitergibt. Annalena Baerbock trägt übrigens nicht den Namen ihres Ehemanns. Annalena Holefleisch klänge auch komisch für eine Kanzlerkandidatin einer Partei, der Tierschutz wichtig ist. Früher hätten

Frauen in ihrer Partei und Position wohl Doppelnamen gewählt als Ausweis von Emanzipation. Heute sendet der Geburtsname dasselbe Signal. Immerhin einen kleinen Klimawandel in Sachen Namensgleichheit gibt es also.

Vermutlich hält keine Familie deshalb besonders gut zusammen, weil sie ein gemeinsamer Nachname verbindet. Ich selbst jedenfalls hätte mir mehr Mut zum Mädchennamen gewünscht. Oder ich hätte es damals im Standesamt wie meine Freundin machen sollen: Sie hat die Standesbeamtin eine Münze werfen lassen und Sekunden später den Namen des Ehemanns angenommen. Eine faire Verliererin.

Emanzipation auf Kosten der Putzfee?

Seit Kurzem trägt unser neunjähriger Sohn eine Brille. Er hat damit eine Ausrede weniger beim wiederkehrenden Streit ums Zimmeraufräumen: Dass er den Staub auf den Regalen und die Legosteine auf dem Teppich nicht sehe, kann er ab sofort nicht mehr behaupten. Der kleine Aufräummuffel hat das Pech, in eine Familie hineingeboren worden zu sein, die großen Wert auf Sauberkeit legt. Im täglichen Vereinbarungschaos zwischen Redaktionsschluss, Hausaufgabenbetreuung, Onlinekonferenzen, Arztbesuchen und Essensplanung finden mein Mann und ich, dass unser Zuhause Ruhe und Ordnung ausstrahlen sollte. Klebrige Böden, verkalkte Waschbecken, eingetrocknete Weingläser und Schmutzwäscheberge machen uns nervös. Also beschäftigen wir seit bald fünf Jahren eine Art Putzfee: Janetta, rund sechzig Jahre alt, aus Polen.

Die Frage ist: Wie lange noch? Mein Mann würde sie sofort entlassen. Ich bin dagegen.

Das Argument für eine Weiterbeschäftigung liegt auf der Hand: Als Vollzeit-Berufstätige sehen wir unseren Sohn häufig erst nach der Schule und der Nachmittagsbetreuung wieder. Die gemeinsame Zeit, die uns bleibt, wollen wir nicht mit Hausputz verbringen. Janettas Arbeit schenkt uns, pathetisch gesprochen, Freiheit. Wir erkaufen uns, profan gesagt, Freizeit.

Es ist nur so, dass Janetta gern Dinge verräumt, statt sie aufzuräumen. Meine Kontaktlinsendose zum Beispiel liegt nach ihrer Badreinigung selten dort, wo sie immer liegt, also neben dem Waschbecken. Stattdessen finde ich sie im Medizinschrank oder – schwer zu erkennen fürs menschliche Auge – im blickdichten Zahnputzbecher. Unsere Küchenwaage hat dank ihres rustikalen Putzstils einen Sprung, und diverse Türrahmen haben Macken. Alles keine Dramen. Janetta mag beim Putzen keine Präzisionskünstlerin sein, dafür ist sie herzlich, kinderlieb und ehrlich. Ist doch schön, wenn man völlig unerwartet ein längst verloren geglaubtes Set Ohrringe schön drapiert auf dem Mikrofasertuch im Brillenetui entdeckt!

Mein Mann sieht das anders. Auch, weil er selbst eine Art Putzpassion besitzt. Er hält sein Arbeitszimmer und die Küche ohne fremde Hilfe klinisch sauber und kann lange Reden darüber halten, mit welcher Wischmethode Induktionsherde schlierenfrei bleiben oder wie sich die Lebensdauer von Staubwedeln maximieren lässt. Ginge es nach ihm, würden wir einen gemeinsamen Reinigungsplan aufstellen, den wir fair untereinander aufgeteilt abarbeiten.

Aus feministischer Sicht wäre sein Modell richtig. Frauen wie ich, die andere Frauen für Hilfstätigkeiten im Haushalt beschäftigen, um sich selbst den emanzipierten Traum vom Kind plus Karriere erfüllen zu können, gelten als Profiteurinnen der sogenannten Care-Kette. Polinnen wie Janetta verlassen ihre Heimat, um im Niedriglohnsektor eines Nachbarlandes besser bezahlte Arbeit zu finden. Und machen damit Platz auf dem polnischen Arbeitsmarkt für eine womöglich noch schlechter bezahlte Migrantin aus noch östlicheren Gebieten wie Moldawien oder der Ukraine. So entsteht eine Kette an Frauen, die Frauen ausbeuten.

Wobei ich an dieser Stelle vielleicht erwähnen sollte, dass ich unserer Putzfrau den doppelten Mindestlohn zahle. Trotzdem stürzt einen das Delegieren von Care-Arbeit in ein Drecksarbeitsdilemma. Um meine Macht als gebildete, freie und fest angestellte Frau nutzen zu können, indem ich etwa Texte wie diesen schreibe, statt den Badmülleimer zu leeren, zementiere ich ein System, das Frauen als billige Arbeitskräfte nutzt – und nicht selten auch ausnutzt.

Es sei »überfällig, eine sozialpolitische Debatte darüber zu führen, dass die vermeintliche Modernisierung der Geschlechterrollen in der Berufswelt keineswegs mehr Gleichberechtigung schafft«, schreibt die Feministin und Autorin Teresa Bücker. Das tue sie für lediglich einen sehr kleinen Teil der Frauen. Sie regt an, dass Paare beide in Teilzeit arbeiten, damit »der Alltag ohne

Überlastung und Stress und auch ohne Hilfe von anderen funktioniert«. Solange Care-Arbeit nur delegiert werde, müssten Männer sich nicht verändern. »Vielmehr laden sie einen kleinen Teil der Frauen ein, ihre Lebensweise nachzuahmen.«

In unserem Fall wäre es eher so, dass ich lernen müsste, die Putztricks meines Mannes nachzuahmen. Es bin ja ich, die sich weigert, Teilzeit zu arbeiten oder die Hälfte des Wochenendes für Hausarbeiten zu reservieren. Ich bin mir auch nicht sicher, ob unsere Putzfrau erleichtert über ihre Entlassung aus unserem Haushalt wäre. Ich gebe ihr lieber ein stattliches Trinkgeld, statt ihr Vorträge über den Sturz des Kapitalismus zur Behebung der internationalen Care-Krise zu halten.

Argwöhnische Feministinnen würden jetzt vielleicht sagen, ich erkaufe mir ein reines Gewissen. Mag sein. Vor allem aber – und das sieht auch mein Mann ein – haben wir mit unserer chaosliebenden Putzfrau einen Joker in den Aufräumdebatten mit unserem Sohn. Auch ihm ist nicht entgangen, dass sie Dinge gern neu platziert. Sagen wir »Morgen kommt Janetta!«, räumt er sein Zimmer blitzschnell freiwillig auf.

Der Prinzessinnen-Junge

Trotz Klimakrise, Energiekrise oder der Nahostkrise gibt es in unserer Familie kein anderes politisches Thema, das so emotional behandelt wird wie das Gendern. »Darf ich künftig nicht mehr die Nachbarn zum Kaffee einladen, weil ich damit die mit gemeinten Nachbarinnen diskriminiere?«, fragte mein Mann mich eines Tages. »Machen Nachrichtenmoderatorinnen die Welt wirklich besser, weil sie neuerdings von Bürger:innen sprechen?«

Er meinte unter anderem die an diesem Tag in den Ruhestand getretene Petra Gerster, die in ihrem Abschiedsinterview mit dem SPIEGEL gesagt hatte, dass die Gesellschaft vielfältiger und sensibler gegenüber Diskriminierung geworden sei, was Sprache eben widerspiegeln müsse. Deshalb benutzte sie seit Oktober 2020 in den »heute«-Sendungen den hörbaren Glottisschlag. »Ich habe auffallend viel Post von emeritierten Professoren bekommen, die mir mit einschüchternd großer Geste meinen Irrweg aufzuzeigen versuchten«, sagte Gerster. Sie glaube, dass »das Gendersternchen als Symbol für alles herhalten muss, vor dem besonders ältere Männer Angst haben«.

Hat mein Mann – immerhin drei Jahre älter als ich – also insgeheim Angst, Privilegien zu verlieren? Unwahrscheinlich, schließlich ist es er, der freiwillig Überstunden beim Küchenputzen macht, weil er weniger Toleranz gegenüber Tomatensoßenspritzern aufbringt als ich. Eher ist es so, dass er mir Angst macht mit seinen emotionalen Tiraden gegen das Gendern.

Es ist unheimlich zu sehen, wie sich der eigene Mann manchmal in Friedrich Merz zu verwandeln scheint, der ebenfalls in einem SPIEGEL-Interview sagte: »In Frankreich hat die Regierung Macron allen staatlichen Institutionen untersagt, die sogenannte geschlechtergerechte Sprache zu verwenden. Die Franzosen haben offenbar ein besseres Feingefühl für den kulturellen Wert ihrer sehr schönen Sprache.«

Es sei »affig«, sagt mein Mann, die deutsche Sprache mit Gendersternchen oder dem Binnen-I zu verhunzen. Er findet es richtig, staatlichen Stellen gesetzlich zu verbieten, geschlechtergerechte Sprache zu benutzen. Genau das verfügte Markus Söders CSU-Regierung in Bayern Anfang 2024. In Behörden und Bildungseinrichtungen darf man seit April von Studierenden oder Lehrenden sprechen, aber beispielsweise nicht länger von Student:innen oder Professor:innen.

Mir ist es, bayerisch formuliert, völlig wurscht, ob Menschen oder staatliche Stellen Genderstern oder

Binnen-I benutzen oder nicht. Jeder soll sprechen dürfen, wie er will, finde ich. Vor allem aber soll sich jeder ausleben können, wie er oder sie will. Ob man das mit Sprache beeinflussen kann, weiß ich nicht. Was ich aber weiß, ist, dass diese Welt voller Geschlechterstereotypen steckt und Kinder sehr genau hinhören.

Eine Studie von Psychologinnen und Psychologen der Freien Universität Berlin kam zum Beispiel zu dem Schluss, dass es sehr wohl einen Unterschied macht, ob ein Text im generischen Maskulinum formuliert wird oder ob von »Polizistinnen und Polizisten« und von »Erzieherinnen und Erziehern« die Rede ist. Wenn Berufe in einer geschlechtergerechten Sprache dargestellt werden, so ihr Befund, schätzten Kinder typisch männliche Berufe als erreichbarer ein und trauten sich selbst eher zu, diese zu ergreifen.

Nicht nur Mädchen haben in einer Welt voller Geschlechterstereotypen Nachteile. Auch Jungs werden häufig in ein Korsett gepresst, das ihnen vielleicht gar nicht passt. Die Lieblingsfarbe unseres Sohnes zum Beispiel war sehr lange Pink. Er mag auch Rot, Rosa, Lila und alles, was glitzert. Als er noch nicht sprechen konnte, aber alt genug war, um Begeisterung auszudrücken, deutete er im Schuhgeschäft mit dem Zeigefinger auf silberne Sneaker mit pinken Sternchen. Ich kaufte sie ihm. Als Fünfjähriger bat der Junge mich, ihm die Fingernägel rot zu lackieren. Ich ließ ihn auch mit Lippenstift experimentieren. Was sonst sollte ich mit dem bonbonfarbenen Fehlkauf machen, als ihn auf seinen und meinen Mund zu malen, um anschließend beim Blick in den Spiegel in schallendes Gelächter auszubrechen?

Unser Bub ist – abseits von seiner Glitzer-Begeisterung – ein Junge wie aus dem Klischeebilderbuch: Er sitzt ungern still, springt furchtlos vom höchsten Ast, lässt im Sandkasten Vulkane ausbrechen und baut mit Legosteinen am liebsten Schiffe, Autos und Raketen – die er in Schlachten gegen Kuscheltiereinhörner führt. Dabei trug er allerdings als Fünfjähriger eine rosa Baseballkappe mit Einhornemblem.

Eines Tages aber, da war er im Vorschulalter, weigerte er sich plötzlich, den Sonnenschutz aufzusetzen. Die Kappe sei doof, hässlich, saublöd, befand er. Nie wieder wolle er sie tragen. Es dauerte eine Weile, bis er mit dem Grund für den überraschenden Sinneswandel herausrückte: Im Kindergarten hatten ihn ein paar Jungs als »Mädchen« verspottet. Solche Jungs seien selber doof und saublöd, versuchte ich dagegenzuhalten. Es half nichts. Die rosa Baseballkappe hat er seitdem nicht mehr angerührt.

Ich finde das schade, kann es aber auch verstehen. Dass unser Sohn der einzige Junge im Kindergarten war, der hin und wieder Pink und Rosa trug, ist uns als Eltern natürlich aufgefallen. Mich erfüllte es mit Stolz, dass der kleine Kerl seinen eigenen Kopf und seinen eigenen Stil zu finden versuchte, ohne es seinen Freunden nachmachen zu wollen, die mehrheitlich Superhelden auf ihren T-Shirts trugen. Andererseits wollte ich auch nicht, dass er wegen Äußerlichkeiten verspottet wird.

Der Feminist und Autor Nils Pickert glaubt, dass Jungs schon sehr früh in bestimmte Männlichkeitsnormen gepresst werden – sie sollen stark sein, Mut beweisen und mit Baggern statt mit Puppen spielen, dabei verdienten sie genauso »Körperkontakt, Mitgefühl, Trost und Einhornglitzer«. In seinem Buch »Prinzessinnenjungs« plädiert er für eine Erziehung frei von Geschlechterstereotypen. Um Vorbild zu sein, spazierte er eine Zeit lang im Rock durch die süddeutsche Provinz, wo er damals wohnte – an der Hand seinen Sohn im roten Spaghettiträgerkleid, der zu dieser Zeit ähnlich alt war wie unser Einhornkäppi-Junge. Aber was tun, wenn der Sohn im Kindergarten auf sich allein gestellt ist und ihn die anderen Kinder wegen seines rosa Sonnenschutzes aufziehen?

Wir hätten ihm die frühkindliche Mobbing-Erfahrung natürlich ersparen können, indem wir ihn mit einer dunkelblauen Matrosenmütze in den Kindergarten geschickt hätten. Auch wenn er die nur fast so gern trug wie das rosa Modell mit dem Einhorn. An Fasching mussten wir ganz schön schlucken, als der damals Fünfjährige als Eisprinzessin Elsa in den Kindergarten gehen wollte. »Wie wäre es, wenn ich dir eine Tyrannosaurus-Rex-Maske kaufe?«, schlug ich vor. »Dein cooles Astronautenkostüm vom letzten Jahr passt dir auch noch«, warb ich.

Am Ende gab ich seinem Flehen nach, kaufte das blaue Prinzessinnenkleid mit der weißen Schleppe, tupfte ihm lila Glitzer auf die Augenlider und schickte ihn zum Kinderfasching. Die Erzieherinnen schluckten ebenfalls, als sie ihn sahen. Nach der Faschingsparty gaben sie offen zu, sich Sorgen gemacht zu haben, wie die anderen Kinder auf die Verkleidung reagieren würden.

Total erleichtert berichteten sie dann aber, dass kein blöder Kommentar gefallen sei. Der einzige Junge im Heer der als Prinzessin Elsa verkleideten Mädchen fiel offenbar nicht weiter auf. Damals schämte ich mich für mein Zögern, den Bub im Rock vor die Türe zu lassen. Als er dann aber wegen seiner Einhornkappe ausgelacht wurde, war meine Verunsicherung wieder da.

Im Leben unseres Sohnes gab es sehr lange keinen Trennstrich zwischen der Welt der Jungs und dem Universum der Mädchen. »Wenn ich groß bin, werde ich Reporterin«, sagt er als Vorschulkind. »Wann wird Markus Söder Bundeskanzlerin?«, wollte er wissen. Damals war Angela Merkel noch im Amt, und das Wort Bundeskanzler kannte er folglich nicht. Von Feminismus oder dem generischen Maskulinum hatte er ebenfalls keine Ahnung. Schön wäre es, wenn es so bleiben könnte. Wenn Männer und Frauen nicht nur im Kopf meines Sohnes gleichberechtigt existieren würden.

Aber tue ich dem Kind einen Gefallen damit, ihn möglichst geschlechtsneutral zu erziehen? Das Kind würde sich wohl leichter in der Realität zurechtfinden, wenn ich es im frühen Alter sanft auf den Pfad des männlichen Mehrheitsgeschmacks lotse. Es wäre ein Leichtes, das Interesse unseres Sohnes für Weltraummissionen und Vulkanausbrüche zu fördern – statt seine Einhornleidenschaft mit passender Mode zu unterstützen. Als er sich neulich ein lila Fahrrad wünschte, kauften wir ihm ein rotes. Das findet er mittlerweile genauso super und hinterlässt bei Freunden und Bekannten weniger Fragezeichen im Kopf.

Aber ist es nicht schade, dass Jungs offenbar viel eingeengter groß werden als Mädchen? Die Lieblingsfarbe der Tochter einer Freundin ist Hellblau, und keiner lacht sie aus deswegen. Noch nie habe ich gehört, dass Mädchen, die an Fasching mit aufgemaltem Schnauzer Bandit spielen, als »Jungs« verspottet werden. »Das Selbstbild der Mädchen hat sich im Laufe der Jahrzehnte verändert, das der Jungen offenbar nicht«, sagt die US-Autorin Peggy Orenstein.

Orenstein hat die sexuelle Sozialisation US-amerikanischer Jugendlicher untersucht und fordert eine Art Männerbefreiung: »Viele Studien zeigen, dass Männer, die an traditionellen Geschlechterbildern festhalten, ein höheres Risiko für Depressionen und Suizid haben.« Sie seien öfter in Autounfälle, in Mobbing und sexuelle Übergriffe verwickelt.

Unser Sohn kommentierte das sich lahmarschig in Bewegung setzende Auto an der Ampel vor uns neulich mit den Worten: »Frauen können einfach nicht Auto fahren. Die soll aussteigen und zu Fuß gehen.« Es saß tatsächlich eine alte Frau am Steuer, aber das konnte er zum Zeitpunkt seiner kindlichen Wutrede nicht wissen. Er hatte schlicht die Worte seines Vaters kopiert, der sich beim Fahren häufig über »Trullen«, »Omale«

(Schwäbisch für »Omas«) oder »Anfängerinnen« aufregt, die auf Autobahnen kriechend die mittlere Fahrspur blockieren.

Mein Mann ärgert sich auch über die vielen »Raser«, »Deppen« und »Vollidioten« – also in der Regel Männer oder Menschen mit generischem Maskulinum – die mit Tempo 200 die linke Fahrspur entlangschießen. Aber offenbar nicht so lautstark, dass es dem Sohn im Gedächtnis hängen geblieben wäre.

Ob nun über Sprache oder unseren Alltag: Ändern muss sich vor allem die Einstellung vieler Erwachsener, die, womöglich ohne es zu wollen, eigene Männlichkeitsideale oder erlerntes Machogehabe früh an den Nachwuchs weitergeben. Sodass schon Kindergartenkinder rosa Mützen als mädchenhaft und auf Jungsköpfen als irgendwie lachhaft wahrnehmen. Vor allem aber nervt mich die aus meiner Sicht unnötige Sexualisierung kindlichen Verhaltens, die mir persönlich bei Vätern häufiger begegnet als bei Müttern.

Ein Ex-Kollege erzählte mir eine Zeit lang in jeder Mittagspause stolz von seiner Rambo-Tochter, die den älteren Bruder vermöbele, obwohl sie kaum laufen könne. Als ich ihm von der mutigen Faschingsverkleidung meines Einhorn-Sohns berichtete, kommentierte er: »Wird er halt schwul, wenn er groß ist.« Solche Schlussfolgerungen seien völlig unangebracht, sagte ich. Er meinte nur trocken: »Ich wusste gar nicht, dass du so homophob bist.«

Aber ist es nicht absurd, aus der Einhornbegeisterung eines Fünfjährigen Rückschlüsse auf sein späteres Liebesleben zu ziehen? Noch dazu ist es irrelevant. Ich glaube auch nicht, dass die Vorliebe unseres Sohnes für Glitzer, Rosa, Rot oder Pink etwas über seine künftige Berufswahl aussagt. Oder seine Stimmabgabe bei der Bundestagswahl 2033, wenn er zum ersten Mal wählen darf. Wir leben in einem freien Land, in dem Kinder selbst entscheiden sollten, welche Farben, Kleidungsstücke oder Verkleidungen sie gut finden.

Frau am Steuer

Wenn es ein unwahres Klischee über Frauen gibt, das ich voll erfülle, dann dieses: Mütter sind lausige Autofahrerinnen. Ich selbst habe einmal einen Auffahrunfall verursacht. Weswegen ich Müttern in ähnlich misslicher Lage schwer böse sein kann. Auch nicht der Fahrerflüchtigen, die unsere Ehe eine Zeit lang stark belastet hat.

Fahrerflucht ist etwas sehr Unschönes. Definitiv nichts, bei dem man beobachtet werden möchte. Die Frau mit dem auffälligen Stirnband, die neulich auf dem Parkplatz einer Kletterhalle bei uns in der Gegend hektisch telefonierend neben unserem Auto stand, fühlte sich offensichtlich unwohl. Eines ihrer Kinder hatte beim Einsteigen in den dunkelgrauen Familienvan die Türe zu schwungvoll geöffnet und eine fette Macke in unsere weiße Teslatüre gehauen. Mehrmals fuhr die Mutter sorgenvoll mit dem Finger über den deutlich sichtbaren Schaden, sie sprach etwas ins Handy. Zwölf Minuten lang wusste sie offenbar nicht weiter.

Definitiv wusste sie nicht, dass manche Autos über Kameras verfügen, die automatisch anspringen, wenn sie Erschütterungen wahrnehmen. Mein Mann und ich wissen folglich sehr genau, wie die Frau aussieht, die nach ihrem aufgeregten Handytelefonat davongefahren ist, statt sich ihrer Verantwortung im Verkehrsgeschehen zu stellen. Unser Tesla mag ein neumodisches Fahrzeug sein – einen Scheibenwischer, unter dem man eine Entschuldigung, eine Visitenkarte oder einen Zettel mit der Telefonnummer hinterlassen kann, hat aber auch dieses Auto.

Das Ärgerliche an dem Vorfall war weniger die Macke in der Beifahrertüre. Mich störte der täglich größer werdende Kratzer im Beziehungsgefüge zwischen meinem Mann und mir. Er sann auf Rache, Vergeltung, Gerechtigkeit! Am liebsten hätte er Tag und Nacht vor dem Parkplatz am Rande der Stadt auf der Lauer gelegen und die Frau beim nächsten Besuch in der Kletterhalle zur Rede gestellt. Wäre es nach ihm gegangen, hätten wir längst bei der Polizei Anzeige erstattet oder Fahndungsplakate an den Straßenlaternen im Westen Münchens befestigt.

Ich sah die Angelegenheit etwas entspannter. Mein Verständnis für Mütter am Steuer mit Kleinkindern auf der Rücksitzbank ist spätestens seit meinem eigenen kleinen Unfall groß. Autofahren mit Familie an Bord! Gibt es Schlimmeres?

Weil wir in München zunächst keinen Kitaplatz in der Nähe unserer Wohnung ergattert hatten, mussten mein

Mann und ich unseren Sohn eine Zeit lang quer durch die Stadt fahren. Auf dem Weg gab es viele Ampeln. Vor einer stand ich, als der damals Zweijährige hinter mir zu schreien begann. Ich drehte mich also um, nahm gleichzeitig den Fuß vom Gas – und rollte langsam an die Stoßstange des BMWs vor mir. Äußerlich war kein Schaden erkennbar, die Reparatur kostete trotzdem 2000 Euro. Unsere Versicherung zahlte. Im nächsten Jahr schickte sie uns eine Beitragserhöhung. Alles sehr ärgerlich, aber: passiert!

Wie häufig genau Mütter mit quengelnden oder schreienden Kindern im Auto im Verkehr Schaden verursachen, verrät keine Statistik. Jedenfalls keine, die mir bekannt wäre. Natürlich erfasst beispielsweise das Statistische Bundesamt Geschlecht oder Alter von Unfallverursachern auf der Straße. Meistens allerdings kann man aus diesen Zahlen lediglich den ungeheuerlichen Schluss ableiten, dass Frauen am Steuer besser sind als ihr Ruf: Männer verursachen im Schnitt mehr Unfälle und tödlichere Unfälle als Frauen. Sie sitzen häufiger alkoholisiert am Steuer, verunglücken häufiger schwer und tragen häufiger die Hauptschuld bei Unfällen mit Personenschaden.

Sie fahren aber auch schlicht häufiger Auto. Laut der vom Bundesverkehrsministerium in Auftrag gegebene Studie »Mobilität in Deutschland« aus dem Jahr 2017 legen Männer im Alter zwischen 30 und 39 Jahren pro Tag durchschnittlich 40 Kilometer mit dem Auto zurück, Frauen dagegen nur 22 Kilometer. Weil sie weniger Übung haben als Männer, ist häufig auch ihr Vertrauen in die eigenen Fahrkünste geringer. Was laut Wissenschaftlern der Uni Bochum zur Folge hat, dass Fahrerinnen in Einparktests tatsächlich schlechter abschneiden als Fahrer.

Mütter scheinen besonders ungern und unelegant Auto zu fahren. Das, was bei meinem Mann und mir passierte, scheint anderen Paaren mit Kind auch so zu gehen. Kaum ist das erste Kind da, ergibt sich eine traditionelle Rollenverteilung im Auto: Der Vater sitzt am Steuer, die Mutter auf dem Beifahrersitz. Wo bleibt der Ehrgeiz zur Gleichberechtigung? Meine SPIEGEL-Kollegin Dialika Neufeld schrieb einmal: »Die Bequemlichkeit muss ihn begraben haben, zusammen mit meinen Fahrkünsten.«

Betrachte ich meinen Freundeskreis oder meine Familie quer durch alle Generationen, dann lenkt bei längeren Fahrten standardmäßig der Mann das Auto. Wenn wir in den Urlaub oder zum Besuch in der alten Heimat aufbrechen, verteile ich vom Beifahrersitz aus Brote oder steuere das Unterhaltungsprogramm. Während mein Mann fährt. Um nichts in der Welt möchte ich tauschen. Und er auch nicht. Für ihn scheint sich beim Dahingleiten auf der Autobahn eine Art Freiheitsversprechen einzulösen. Für mich ist jeder gefahrene Kilometer Arbeit. Die ich damit versuche zu versüßen, dass ich ordentlich beschleunige, wenn die Bahn vor mir frei ist. Risikoaverses Fahren geht vermutlich anders.

Der britische Mathematiker James Hind hat eine Formel aufgestellt, wonach Kinder im Auto alle siebzig Minuten einen Tobsuchtsanfall bekommen. Ich bin froh, in diesen Momenten nicht gleichzeitig die Spur wechseln oder einparken zu müssen. »Am schlimmsten ist es wohl, wenn man der einzige Erwachsene ist und ein volles Auto hat«, glaubt Hind.

Eine Situation, in der auch die fahrerflüchtige Mutter vor der Kletterhalle war. Auf dem Video vom Tatort tappen mindestens zwei Kleinkinder durchs Bild der Tesla-Überwachungskamera. Ich kann mir gut vorstellen, dass sie die Ermahnung »Macht die Türe bitte vorsichtig auf!« schon oft gehört haben. Im entscheidenden Moment an einem Mittwoch gegen 17.20 Uhr aber nicht daran dachten. Wie oft ihre Mutter seitdem wohl an die Fahrerflucht zurückdenkt?

Ich an ihrer Stelle hätte ein schlechtes Gewissen, Angst vor üblem Karma und jede Menge schlaflose Nächte. Meine Botschaft an die unbekannte Stirnbandträgerin, falls sie zufällig dieses Buch liest, lautet daher: Für eine Entschuldigung ist es nie zu spät. Ich wäre bereit für Vergebung. Mein Fahrer muss es ja nicht mitbekommen.

Ein unerfüllter Wunsch

Abgesehen von der Macke im weißen Lack an der Seite meiner Beifahrerinnentüre, gibt es noch einen zweiten Grund, warum mir die zwölf Minuten Überwachungskameravideo bis heute nicht aus dem Kopf gehen. Familienvan, Kinderschar, Ausflug in die Kletterhalle – ein bisschen habe ich mir mein Leben auch immer so vorgestellt. Weil ich Familie aus meiner Kindheit so kannte: Meine Sportlehrerin-Mutter fuhr meine Schwester und mich, als wir klein waren, zwar nicht zum Klettern. Dafür aber im roten VW-Bus, dessen Schiebetür sich ohne Kontaktgefahr mit daneben parkenden Autos schwungvoll zur Seite öffnen ließ, zuerst ins Tanztraining, später dann – in der Teenagerzeit – jedes Wochenende zu Volleyballturnieren.

Sie war außerdem Trainerin im Kinderturnen und hatte immer gute Ideen, wie man eine Schar Kinder im Garten kreativ beschäftigt. Hüpfgummi, Völkerball, Fahrradparcours. Vor unserer Türe war immer was los und unsere Mutter mittendrin. Statt Klausuren zu korrigieren, legte sie Hefte an mit Ideen für Kindergeburtstagsbasteleien.

Ich erkenne mich manchmal in ihr wieder, wenn ich mit unserem Sohn, seinem Freund und seiner Freundin drei Stunden lang Monopoly spiele. Mein Mann und die Eltern der anderen Kinder waren beim Elternabend. Die Monopoly-Meute amüsierte sich so gut, dass keines der Kinder freiwillig nach Hause wollte oder müde wurde. Zwei Jungs, ein Mädchen. Wir hatten viel Spaß.

Zwei Söhne, eine Tochter. Hätte ich gerne gehabt. Mein Mann ist Einzelkind, sagt aber, dass er auch gerne drei Kinder gehabt hätte. Wir haben aber keine drei. Auch keine zwei. Deshalb fühlt es sich jedes Mal an wie ein Kratzer im Lack, wenn jemand aus dem Freundeskreis verkündet: Wir bekommen noch ein Kind.

Besonders hart traf mich die zweite Schwangerschaft meiner Schwester. Letztes Jahr, an einem der Weihnachtsfeiertage, murmelte sie am Frühstückstisch etwas, das sich anhörte wie: »Ich glaube, ich bin wieder schwanger.« Zwei Tage später war der Test positiv, neun Monate später kam ihr zweites Kind gesund zur Welt. Ein Mädchen. Es ist ein supersüßes Baby, hat blaue Kulleraugen, kann bezaubernd lächeln, trägt niedliche Strampelanzüge und wird an Weihnachten im Schein der Kerzen die versammelte Verwandtschaft dahinschmelzen lassen. Auch mich.

Gleichzeitig werde ich über die Weihnachtsfeiertage gegen ein Gefühl ankämpfen müssen, das nicht so gut zur gemeinschaftlich zelebrierten Glückseligkeit dieser

Tage passt: Neid. So ungern ich das zugebe: Ich bin neidisch auf den »Kinderreichtum« meiner Schwester.

Ich hätte auch gerne noch einen Sohn oder eine zuckersüße Tochter. Aber irgendjemand muss diese Kinder ja zur Welt bringen. Muss seinen Job pausieren, muss Kollegen auf der Karriereleiter an sich vorbeiziehen lassen, muss auf berufliche Herausforderungen eine Zeit lang verzichten. Und muss in einer Stadt wie München eine bezahlbare Wohnung für seine Familie finden. Kurzum: Auf dem Weg zum mehrfachen Babyglück kamen meinem Mann und mir der Beruf dazwischen, eine Coronapandemie und eine medizinische Diagnose, die Schwangerschaften ohne Hilfe der Reproduktionsmedizin so gut wie unmöglich macht.

Es wäre uns nur mit sehr großem Aufwand möglich, ein oder zwei oder drei weitere Kulleraugen-Kinder in die Welt zu setzen. Also haben wir beschlossen, mit dem einen Jungen, den uns die Natur oder das Schicksal oder der liebe Gott oder alle drei zusammen vor sieben Jahren geschenkt haben, glücklich zu sein. Was wir meist auch sind. Nur nicht in den Momenten, in denen mir jemand, den ich mag, mitteilt: »Hurra, ich bin schwanger.« Der Schmerz über die eigene Geschwisterkinderlosigkeit ist dann plötzlich größer als die Freude über das Glück der anderen. Es ist kein schönes Gefühl. Man schämt sich ein bisschen. Gut möglich, dass meine Schwester letztes Jahr an Weihnachten auch deshalb ihre Schwangerschaft auf möglichst beiläufige Art publik gemacht hat, weil sie auf mich Rücksicht nehmen wollte.

Weihnachten ist für Menschen, deren Familienplanung anders verlaufen ist als erhofft, ein schwieriges Fest. Schließlich wird die Geburt eines besonderen Babys gefeiert. »Ihr Kinderlein, kommet«, »Ich steh an deiner Krippen hier«, »Uns ist ein Kindlein heut geborn'«. Man muss sich nur die Titel bekannter Weihnachtslieder vor Augen führen, um die Traurigkeit zu ermessen, die unfreiwillig Kinderlose zur Weihnachtszeit leicht überfällt. Hinzu kommen neugierige Fragen interessierter Onkel oder Tanten, Cousins oder Cousinen, die wissen wollen, ob man Nachwuchs geplant habe oder wann es denn los- oder weiterginge mit der Kindchenproduktion?

»Ich brauche einen Schnaps.« Das ist der Satz, den Marie Butterwege auf Familienfeiern gleich am Anfang in die Runde rief, um im weiteren Verlauf des Abends nicht mit Fragen zu einer möglichen Schwangerschaft behelligt zu werden. Marie habe ich vor fünf Jahren kennengelernt, als ich eine SPIEGEL-Titelgeschichte über Reproduktionsmedizin in Deutschland geschrieben habe. Sie und drei weitere Frauen berichteten in »Warten aufs Kind« über den Hoffnungsterror, den eine Kinderwunschbehandlung mit sich bringen kann. Die Prozedur ist oft schmerzhaft, sehr teuer und längst nicht immer von Erfolg gekrönt.

Etwa jedes siebte Paar in Deutschland ist ungewollt kinderlos und gilt nach klinischer Definition als unfruchtbar. Die genaue Zahl kennt niemand, da die Dunkelziffer hoch ist. Laut einer schon etwas älteren

Befragung für das Bundesfamilienministerium sind von allen kinderlosen Frauen und Männern im Alter zwischen zwanzig und fünfzig Jahren 25 Prozent ungewollt ohne Nachwuchs, das sind mehr als eine Million Paare.

Inzwischen ist Marie Butterwegge, deren Name im echten Leben anders lautet, Mutter geworden. Damals aber wohnte sie mit ihrem Mann in einem Haus mit Platz für zwei Kinderzimmer in einem kleinen Dorf am Fuße der Schwäbischen Alb. Das Schlimmste, so Marie, seien die Familienfeiern gewesen. Am liebsten hätte sie allen entgegenschreien wollen, dass ihre Eileiter verschlossen sind und das Ejakulat ihres Mannes zudem keine Spermien enthält. Doch natürlich hätte das kaum zur launigen Unterhaltung im schwäbischen Wirtshaus beigetragen.

Es sagt sich immer so leicht: Wir sollten alle viel ehrlicher kommunizieren! Ungewollte Kinderlosigkeit darf doch kein Tabu bleiben! Wie kann es sein, dass Frauen wie Jennifer Aniston erst im Alter von 53 Jahren öffentlich über ihren unerfüllten Kinderwunsch sprechen?

Faktisch stoßen ungewollt Kinderlose leider häufig auf große Sprachlosigkeit, wenn sie ihren wahren Gefühlen freien Lauf lassen und offen erzählen, wie es ist, auf natürlichem Weg keinen Nachwuchs bekommen zu können. »Neben der eigenen Traurigkeit muss man dann womöglich noch die Betroffenheit des Gegenübers irgendwie auflösen«, sagt Franziska Ferber. Sie und ihr Ehemann hätten gerne Kinder gehabt, leider blieben die vielen Kinderwunschbehandlungen ohne Erfolg. Inzwischen betreibt Ferber das Blog »Kindersehnsucht«, hat vier Bücher geschrieben und hilft als Coach anderen Frauen dabei, zu akzeptieren, dass das Wunschkind womöglich Wunsch bleiben wird.

Die Erkenntnis, unfruchtbar zu sein, fühlt sich »wie ein wiederkehrender kleiner Tod auf Raten an«, findet Ferber. Der Tod treffe irgendwann jeden, bestimme aber nicht das Leben. Der unerfüllte Kinderwunsch hingegen sei ständig präsent. »Nach drei Jahren in Behandlung hat man 36-mal gehofft und 36-mal getrauert.« Dieses Glück, das andere ganz selbstverständlich haben, »ich aber nicht. Das bringt einen zum Verzweifeln. Und das jeden Tag.« Während anscheinend alle um einen herum mit Wachstum beschäftigt seien – ein dicker Bauch, ein größeres Auto, ein Haus mit Garten – »verwalte ich einen Mangel«. Der an Weihnachten besonders offenbar wird, wenn etwa die Eltern und Großeltern ganz verzückt und verzaubert vom Nachwuchs der anderen seien.

Wenn ich an Weihnachten den Gottesdienst besuche, halte ich beim traditionellen Abschlusslied »Oh du Fröhliche« meist so fest, wie ich kann, die Hand meines ersten und einzigen Sohnes. Und bin dankbar dafür, was und wen ich habe.

Lob des Einzelkindes

Frauenärzte gehören nicht zu den Menschen, die mich zum Lachen bringen. Meiner aber sagte: »Der perfekte Zeitpunkt zum Kinderkriegen liegt irgendwo im 22. Lebensjahr einer Frau.« In dem Alter hatte ich gerade das Absinthtrinken für mich entdeckt. Ich spielte nachts mit wechselnden Männern Tischtennisrundlauf in einer Berliner Bar, studierte was mit Wirtschaft und hangelte mich von einem Praktikum ins nächste. Ich hielt mich ganz sicher nicht für eine Frau, die demnächst ein Kind gebären sollte. Deswegen gingen auch noch elf weitere Jahre ins Land, bis unser Sohn zur Welt kam. Ich war 33 Jahre alt bei seiner Geburt. Aus Sicht von Frauenärzten also: sehr, sehr alt. Dabei kam ich mir nicht so vor. Wann hätte es in der Zeit davor ein Fenster gegeben, an dem mich eine Schwangerschaft nicht ausgebremst oder kalt erwischt hätte?

Die Evolution, so scheint es mir manchmal, hat sich von der rasanten Erfolgsgeschichte weiblicher Emanzipation abhängen lassen: Auf dem Höhepunkt unserer natürlichen Reproduzierbarkeit sitzen wir im Hörsaal, im Tinder-Karussell oder in einer Führungsposition fest. Hat man endlich den Job und den Partner fürs Leben gefunden, ist es plötzlich zu spät.

Meine Hormonwerte, sagte der lustige Frauenarzt ungefähr ein Jahr nach der Geburt unseres Jungen, seien zu schlecht, um auf natürlichem Weg ein zweites Kind bekommen zu können. Im ersten Moment ist das eine bittere Erkenntnis, die man lieber verdrängen als aufschreiben möchte. Sie kann aber auch sehr befreiend sein – jedenfalls für eine Frau wie mich, die Vollzeit arbeitet und mit nur einem Kind schon am Rande des Wahnsinns operiert. Rational sprach ja auch überhaupt nichts dafür, den mittlerweile perfekt durchgetakteten Alltag zu dritt mit der Geburt eines Babys zurück in die Unberechenbarkeit zu katapultieren. Beim ersten Kind ahnten mein Mann und ich noch nicht, was auf uns zukommt. Danach wussten wir es. Aber nicht, ob wir es noch einmal schafften.

Nachwuchs im Doppelpack bedeutet doppelt so viele Elternabende, Arzttermine und »Ihr-Kind-spuckt-bitte-holen-Sie-es-sofort-ab«-Anrufe aus dem Kindergarten. Ein Kind mehr bringt einen nicht nur einen Schritt näher zur Scheidungsanwältin, sondern kostet auch Geld. Den Spaß an Flugreisen in den Ferien kann uns die »Fridays for Future«-Bewegung oder »Die letzte Generation« nicht nehmen. Mein Kontostand könnte es – müsste ich künftig vier Sitze im Flieger nach Kreta voll bezahlen.

Als Weltreisende ohne Kinderschar im Gepäck

müsste ich noch nicht mal ein schlechtes Ökogewissen haben. Familien, die auf ein Kind verzichten, sparen genauso viel Emissionen wie 684 Teenager, die für den Rest ihres Lebens strikt recyceln, sagt ein Forscherteam aus Kanada und Schweden. Was aber, frage ich mich häufig, wäre das Beste für unsere Sohn? Eine intakte Umwelt, ausgeglichene Eltern oder ein Geschwisterkind, an dem er ein Leben lang reifen und sich reiben könnte?

Die Amerikanerin Toni Falbo hat herausgefunden, dass Eltern oft mehr als ein Kind bekommen, weil sie ein schlechtes Gewissen haben. Einzelkinder gelten als arme Teufel, überforderte Stammeshalter, fiese Egoisten. Wer wünscht seinem Kind ein solches Schicksal? Die Zahl der Einzelkinder in Deutschland bleibt jedenfalls schon seit Jahrzehnten konstant: Durchschnittlich jedes vierte Kind ist eines, das sein Zimmer mit niemandem teilen muss, dafür aber ein Leben lang zur Frage verdammt ist: »Darf ich mitspielen?«

Kleine Menschen brauchen Geschwister, um glücklich groß zu werden. Das habe ich auch lange gedacht – vielleicht weil ich selbst mit einer jüngeren Schwester aufgewachsen bin. Es ist nur so, dass es keine einzige Studie gibt, die belegen könnte, dass die Singles im Sandkasten eines Tages zu Problempersönlichkeiten mutieren. Eher ist sogar das Gegenteil richtig: Menschen, die ohne Geschwister aufwachsen, haben mehr Selbstbewusstsein, sind besser in der Schule und landen im späteren Leben häufiger in Führungspositionen, fand die Soziologin Judith Blake heraus. Gruppenverhalten lernen Einzelkinder heutzutage im Kindergarten. Die Freunde dort, glauben Soziologen, ersetzen das fehlende Geschwisterkind. Und zwar zu 100 Prozent.

Meine Freundin und Nachbarin, die ihr erstes Kind zeitgleich mit mir bekommen hat, brachte vier Jahre später nach einer anstrengenden, aber erfolgreichen In-vitro-Behandlung Zwillinge zur Welt. Zwei unendlich süße Brocken, die zusammen mit dem anderen Kind im Haushalt einen Lärmpegel erzeugen, als würde Metallica im Wohnzimmer proben. Unser Sohn rottet auch gerne Dinosaurier aus, indem er lautstark Vulkane ausbrechen lässt und Duplosteine als Meteoriten durchs Zimmer wirft. Verglichen mit dem Krach im Drei-Jungs-Haushalt bewegt sich diese Geräuschkulisse allerdings auf Stummfilmniveau.

Ein unschätzbar großer Vorteil von Einzelkindern ist außerdem, dass sie sich die Liebe der Eltern mit niemandem teilen müssen. Die Hälfte der Weltliteratur, Tatort-Drehbücher und »Game of Thrones«-Folgen würde es nicht geben ohne das Konfliktpotenzial zwischen Geschwistern. Eifersucht, Konkurrenzdruck, Streit ums Erbe, Mord und Totschlag werden meinem Sohn hoffentlich erspart bleiben.

Trotzdem nagt etwas in mir. Es fühlt sich so seltsam an, die Entscheidung für oder gegen ein zweites Kind als rationale Kosten-Nutzen-Kalkulation zu verhandeln. Insgeheim wäre ich auch gerne eine Frau, der es die eigene Biologie erlaubt, aus Lust und guter Laune heraus schwanger zu werden.

Es gibt so viele emotionale Argumente für mehr als ein Kind. Allein um nicht vor Sorge um den ersten Sohn verrückt zu werden, hätte ich gern mehr als einen Einzigen. Wenn mein Mann und ich alt und krank werden, wird sich unser Sohn die Pflege nicht mit Geschwistern aufteilen können. Macht es nicht auch die Angst vor dem Tod erträglicher, wenn man mehrere Kinder hat, in deren Erinnerung man eines Tages weiterlebt?

Wenn ich mich zu dem Egoismus hinreißen lasse, der meinem Einzelkindsohn ein Leben lang unterstellt werden wird, würde ich mir eine Tochter wünschen. Einfach, um zu sehen, was mit meinen Genen noch so alles möglich wäre. Sobald die Reproduktionsbranche den Service anbietet, Geschlecht, Lautstärke und Brechdurchfall-Resistenz des künftigen Nachwuchses zu bestimmen, werde ich mir den Gang ins Kinderwunschzentrum ernsthaft überlegen. Mit meinen knapp über vierzig Jahren wäre ich spät dran, aber vielleicht noch nicht zu alt für diesen Schritt.

HAUSHALTS-KRISEN

Die Wahrheit übers Schlachten

Jeden Freitag kaufen der Junge und ich auf dem Wochenmarkt ein. Einmal blieb der Kleine vor der Auslage des Fischhändlers stehen. Auf einem Bett aus Eiswürfeln lagen an diesem Tag allerlei Meeresfrüchte und dicke Fische mit bläulichen Schuppen, flache Fische mit leeren Glubschaugen und verschiedenförmige Einzelbestandteile von ehemals sehr großen Fischen. Der Sohn zeigte auf die regungslosen Garnelen und fragte: »Warum machen Menschen so was?«

Um Zeit zu gewinnen, fragte ich zurück, was genau er meinte. »Warum töten Menschen Tiere?«, präzisierte er. Auf schwierige Fragen ist es manchmal am besten, einfach mit der Wahrheit zu antworten. Also sagte ich, tote Tiere schmeckten vielen Menschen sehr gut. »Fischstäbchen gehören doch auch zu deinen Lieblingsmahlzeiten«, erklärte ich weiter. Seitdem ist unser Kind Vegetarier.

Jede Salami auf der Pizza, jede Gelbwurst auf dem Laugenbrötchen, jeder Hackfleischkrümel in der Bolognese-Soße wird vom Sohn kritisch beäugt und hinterfragt: »Ist da totes Tier drin?« Mir ist der Appetit mittlerweile vergangen. Wer sich vor jeder Mahlzeit bewusst macht, geschlachtete und mehrfach zerstückelte Lebewesen zu essen, verwandelt sich zwangsläufig in eine Vegetarierin.

Und tut Gutes für die Umwelt. Fleischkonsum sei so ziemlich der größte Feind der Natur, heißt es in so gut wie jeder Studie, in der wirksame Maßnahmen im Kampf gegen den Klimawandel angemahnt werden.

Mein Mann ernährt sich aus Mitleid mit den Tieren schon seit Langem fleischlos. Ich hingegen gehöre zur Fraktion der Menschen, denen Fleisch und Fisch zu gut schmecken, um den Genuss bei jedem Bissen kritisch zu hinterfragen. Allerdings habe auch ich, seitdem ich Mutter bin, nur noch sehr selten ein halbes Hähnchen auf dem Oktoberfest oder eine Forelle Müllerin Art im Restaurant bestellt. Es sind eben doch kleine Tierleichen auf dem Teller. Lamm und Spanferkel lehne ich ab, seitdem ich selbst ein Baby zur Welt gebracht habe. Die Vorstellung, dass eine den Menschen kognitiv und körperlich überlegene Lebensform unseren Nachwuchs aufspießt, mariniert und grillt, weil das junge Fleisch so zart ist, bekomme ich nicht aus dem Kopf.

Ganz auf Fleisch verzichtet habe ich trotzdem nie. Maultaschen, Burger, Schinkenbrote, Leberkässemmeln schmeckten mir bisher einfach zu gut. Unsere Familie ist außerdem gut damit gefahren, jedes Mitglied essen zu lassen, was es will. Weder verzieht mein Mann das Gesicht, wenn ich Salami auf meiner Pizzahälfte verteile. Noch rolle ich mit den Augen, als er kürzlich vorwurfsvoll den Brokkolistrunk aus dem Biomüll zog, den ich dort entsorgt hatte. »Das ist der beste Teil! Manche Menschen kaufen Brokkoli nur wegen des Strunks«, rief er. »Zuckersüß« sei dieser. Was soll ich sagen? Er hatte recht.

Trotzdem hat mein Mann weder heimlich versucht, unseren Sohn zum Vegetarier zu machen. Noch habe ich dem Kind Leberwurst aufs Brot geschmiert, um seine Geschmacksnerven auf Fleischkonsum zu programmieren. In unserem Bekanntenkreis gibt es viele Kinder, die fast nichts anderes zu essen scheinen als Bärchenwurst. Eine Mutter erzählte mir neulich, ihr Sohn verschmähe Obst, Gemüse, sogar Schokolade – nur Wurstprodukte fänden auf dem Teller vor ihm Gnade. Selbst Fiebersaft könne der Vierjährige nur verdickt mit Leberwurst trinken, da er sich vor der Medizin in den Geschmacksrichtungen Orange und Himbeere ekle.

Vermutlich hat meine Bekannte ihren Sohn bei Besuchen auf dem Bauernhof noch nie darauf hingewiesen, dass die niedlichen Kälber in ihren weißen Boxen von einer bösen Fee in Wiener Schnitzel verwandelt werden. Wüsste das Kind, dass es tagtäglich tote Tiere isst, würde es dann nicht anders auf Orangen oder Himbeeren reagieren?

Ich bin jedenfalls heilfroh, dass die Verwandlung in einen Anti-Fleisch-Detektiv das einzige Theater ist, das unser Sohn ums Essen macht. Spinat, Spargel, den zuckersüßen Strunk vom Brokkoli – das alles schaufelt er munter in sich rein. Nur manchmal verzieht er das Gesicht, wenn er Lebensmittel wie Olivenpaste oder eingelegte Peperoni probiert. Vielleicht hat er die Vegetariergene meines Mannes geerbt. Noch wahrscheinlicher aber ist, dass sich die Geduld und Kreativität, die mein Mann bei gemeinsamen Mahlzeiten aufbringt, unseren Jungen zu einem Allesesser gemacht haben.

Zu jedem Obst oder Gemüse kennt mein Mann eine Geschichte, die Lust aufs Probieren macht. Spargel zum Beispiel sei die Leibspeise von Königen und Rittern mit Lanze, erzählte er dem Jungen, als er zum ersten Mal das Stangengemüse auf seinem Teller hatte. Datteln würden auf der Zunge so zart schmelzen wie Schokolade. Die Radieschen hätten ihm gerade ins Ohr geflüstert, sich so sehr darüber zu freuen, durch die Speiseröhre unseres Sohnes in seinen Bauch zu rutschen.

Ich habe meinem Mann schon oft geraten, ein »Lexikon des schmackhaften Gemüses« zu schreiben. Leider bin ich in unserer Ehe die Journalistin. Und inzwischen auch Vegetarierin. Ich bin zwar weiterhin der Meinung, dass Fleisch gut schmeckt. Aber aus Sojamehl, Weizenkleie und recht geheimnisvollen Dingen wie »verarbeiteten Euchema-Algen«, »Citrusfaser« oder »Eisendiphosphat« fertigt die Lebensmittelindustrie mittlerweile Wiener Schnitzel, die nicht nur optisch, sondern auch geschmacklich ans Original heranreichen.

In seiner Schuld

Die Tatsache, dass mein Mann lieber spricht und zuhört, statt zu lesen und zu schreiben, ist nicht der einzige Grund, warum es kein Buch von ihm über »Fleisch ist mein Gemüse« oder »Gemüse ist unser Fleisch« gibt. Auch die typisch männliche Bescheidenheit im Zur-Schau-Stellen häuslicher Heldentaten, hindert ihn daran.

Der Partnerin den Rücken freihalten, neben einem kranken Kinder nachts Wache halten, sich lustige Geschichten über Spargel-Lanzen ausdenken – all das macht mein Mann meisterhaft. Trotzdem habe ich nicht das Gefühl, dass er im Freundeskreis oder beim Feierabendbier mit den Kollegen damit angibt. Einmal habe ich erlebt, dass er und ein Kumpel sich über Saugroboter ausgetauscht haben. Mein Mann regte sich über den fürchterlich nervigen Warnton unserer Vorwerk-Maschine auf. Woraufhin ihm sein Freund einen Markenwechsel ans Herz legte, weil sein japanisches Fabrikat nicht nur saugen, sondern auch wischen und sich selbst reinigen könne. Ein akustisches Nervsignal, das zum sofortigen Leeren der Staubkammer mahnt, sei somit nicht nötig.

Es schien ein unterhaltsames Gespräch zu sein, die beiden lachten viel, und ein paar Wochen später schickte der musikalisch begabte Freund meinem Mann ein selbstkomponiertes Stück, in dem er die auf einer Tonleiter schwer zu lokalisierenden zwei Töne, mit der unser Saugroboter seine plötzliche Unzufriedenheit oder temporäre Überforderung signalisiert, in eine harmonische Melodie integriert hatte. Veröffentlicht wurde das Werk schließlich im Podcast meines Mannes. »Wahnzeit« heißt der. Aber auch hier: Elternschaft, Care-Arbeit, Kindererziehung sind darin kaum Thema. Obwohl sie einen in manchmal in den Wahnsinn treiben können und viel Zeit kosten.

Schwer zu sagen, woran es liegt, dass Männer ihr häusliches Engagement so selten in die Öffentlichkeit tragen. Klar, man könnte Studien zur von Männern geleisteten Care-Arbeit sprechen lassen und aus ihnen den Schluss ziehen: Das Verhältnis von geleisteter und zur Schau gestellter Arbeit ist ausgewogen. Wer wenig putzt, wäscht und babysittet zuhause, wird auch wenig darüber zu berichten wissen. Laut dem jüngsten Gleichstellungsbericht der Bundesregierung, leisten Frauen in Partnerschaften mit Kindern rund 84 Prozent mehr Sorgearbeit. Sie bringen im Durchschnitt täglich also knapp drei Stunden mehr für Kinderbetreuung und Haushalt auf.

Der typisch deutsche Vater führt klassischerweise in irgendeinem Büro die Geschäfte, die prototypische Mutter leitet das Unternehmen Familie. Sie hält den Nachwuchs zum Geschenkebasteln für die Großeltern an, liest vor, lernt Lateinvokabeln mit, rechnet Dreisatzregeln vor, sie puzzelt, tritt auf Legosteine, schimpft und bittet vergebens um Ruhe im Homeoffice.

Einmal, gegen Ende von Angela Merkels Amtszeit, bot sich der Öffentlichkeit ein seltener Einblick ins Privatleben der Ex-Kanzlerin. Ob sie eine smarte Waschmaschine besitze, wurde sie auf dem Digitalgipfel der Bundesregierung gefragt. Die Kanzlerin schüttelte den Kopf: »Ehrlich gesagt, das macht mein Mann.« So emanzipiert wie bei Merkels geht es in den Waschküchen der Nation in der Regel nicht zu.

Zwar haben in jeder dritten Familie hierzulande beide Elternteile einen Job, aber laut Zahlen des Statistischen Bundesamts von 2022 arbeiteten nur 28 Prozent der Frauen mit Kindern unter sechs Jahren Vollzeit. Alle anderen sind auf Teilzeitbasis berufstätig oder überhaupt nicht – ein Wert, der sich auch mit steigendem Alter der Kinder kaum erhöht.

Während rund zwei Drittel der Familienväter Partnerinnen an der Seite haben, die ihnen im Zweifel den Rücken freihalten, braucht die berufstätige Mutter in der Regel städtische oder private Betreuungshilfe, um arbeiten gehen zu können. Nur rund 7 Prozent der Männer mit Minderjährigen im Haushalt arbeiten Teilzeit. Meiner ja auch nicht. Trotzdem teilen wir uns die täglichen Haus- und Familienarbeiten 50:50 untereinander auf.

Mein Mann, der statistisch betrachtet offenbar eine Art Ausnahmeerscheinung in Sachen Sorgearbeit ist, scheint sich nicht viel auf diese Pionierarbeit einzubilden. Er definiert sich selbst über Erfolge in seinem App-Unternehmen oder wenn er eine viel gehörte Podcast-Folge veröffentlicht hat. Aber er lässt keine Sektkorken knallen, wenn er dem Jungen mal wieder ein neues Gemüse schmackhaft gemacht hat. Blumenkohl zum Beispiel, die »Wolken der Erde«. Wahnsinn, wie die in einer Marinade aus Sojasauce und Honig schmecken!

Einerseits wäre ich natürlich gerne die Partnerin eines sendungsbewussten Supervaters, dessen »Lexikon des schmackhaften Gemüses« bestimmt ein irrer Bestseller werden würde. Andererseits finde ich es sehr angenehm, dass mein Mann keinen Orden einfordert, wenn er dem Kind das Benutzen von Zahnseide beigebracht hat oder er sich als einziger in der Familie die Müllabholungstermine in der Weihnachtsfeiertagszeit notiert hat. Den Kollegen, der mit über fünfzig zum zweiten Mal in zweiter Ehe Vater geworden ist, und der jedes Mal das ganze Büro wissen lässt, wenn er mal wieder früher losmuss, um sein Kind aus der Kita abzuholen, belächele ich insgeheim. Wer es nötig hat, mit seinen vermeintlichen Vaterqualitäten anzugeben, macht mich jedenfalls eher misstrauisch statt neidisch.

Das selbstverständliche Sorgen und Schweigen fällt mir selbst übrigens bedeutend schwerer als meinem Mann. Natürlich erwarte auch ich weder Applaus für meine Mutterqualitäten noch habe ich ihn nötig für mein inneres Gleichgewicht. Es ist eher so, dass ich anfange, mich unwohl zu fühlen, wenn ich beim Kümmern, Kochen und Mülleimerleeren ins Minus rutsche. Sobald ich weniger Care-Arbeit leiste als mein Mann, fühle ich mich seltsam schuldig.

Einmal, als unser Sohn noch im Kita-Alter war, hatte ich nachmittags einen Arzttermin, am Abend eine CSU-Veranstaltung in einer anderen Stadt und am nächsten Tag noch eine Art Schönheitsoperation: Ich wollte mir die seit Geburt seltsam geschwollenen Venen am linken Bein entfernen lassen. Mein Mann musste unseren Fünfjährigen also zweimal in Folge nachmittags betreuen, abends ins Bett, am nächsten Morgen in den Kindergarten und am Nachmittag nicht nur den Jungen aus dem Kindergarten, sondern auch mich aus der Klinik abholen. Mindestens 48 Stunden schmiss mein Mann also den Laden allein. Und ich wurde nervös.

Das Alarmgefühl in meinem Kopf war ähnlich penetrant wie das Notsignal unseres Putzroboters. Plötzlich hatte ich ein so schlechtes Gewissen, dass ich fast den Abendtermin abgesagt hätte, und auch noch angeboten habe, den Jungen mit zum Arzt zu nehmen. Was mein Mann zum Glück ablehnte. Denn ich musste über eine Stunde im Wartezimmer sitzen. Was mit kleinem Kind kurz nach Kitaschluss sicher nicht nur mir, sondern auch den Mitwartenden große Freude bereitet hätte. Das kindliche Quengellevel hätte in Rekordgeschwindigkeit Rekordhöhen erreicht.

So studierte ich eine Stunde lang Dekotrends in der »Schöner Wohnen« statt mich zuhause über die Legosteinwüste auf dem Wohnzimmerboden zu ärgern – war aber insgeheim die ganze Zeit damit beschäftigt, nach Geschenkideen für meinen Mann zu suchen. Als Dank für seine Sollübererfüllung. Ein Bund frischer Tulpen? Ging leider nicht. Geschenke, über die man sich selber am meisten freut, sind in Paarbeziehungen meist keine so gute Idee.

Schon vor meinem Aufbruch Richtung Arzt und Abendtermin hatte ich versucht, klarzumachen, wie sehr ich sein Engagement schätze und mich mit »Ade, bester Mann der Welt« verabschiedet. Allerdings kam ich mir ein bisschen albern dabei vor. Die Charmeoffensive wirkte aufgesetzt, dabei war sie ehrlich gemeint. Beim Versuch, ihn zum Abschied zu küssen, hatte ich nur den Oberarm erwischt, weil er sein Gesicht im entscheidenden Moment der piependen Spülmaschine zuwendete statt mir. Es war definitiv der verunglückteste Kuss des Monats.

Warum ertrage ich das Gefühl nicht, in der Schuld meines Mannes zu stehen? Wir führen kein Buch, in der wir die geleisteten Sorgearbeitsminuten notieren. Ich habe aber eine innere Liste, in der ich mir zu merken versuche, das wie vielte Mal in Folge ich die Wäsche getrocknet habe oder das Kinderzimmer gesaugt oder morgens das Anziehtheater unseres Sohnes ertragen habe oder U-Untersuchungen beim Kinderarzt besetzt habe. Damit ich bestens gerüstet bin für den Fall, dass ich Argumente brauche, um meinen Mann »Jetzt bist du aber mal dran!« aufs Brot zu schmieren. Das Problem ist nur: Eigentlich brauche ich das nicht. Mein Mann weigert sich eigentlich nie, einzuspringen.

Warum fühle ich mich wie eine schlechte Partnerin, nur weil mein Mann viermal in Folge das Kind in den Kindergarten bringen und abholen muss? Ich verdächtige den langen Arm des Patriarchats. Das Müttern ein schlechtes Gewissen macht, wenn sie in häuslichen Disziplinen nur Mittelmaß abliefern. Oder gar nicht erst antreten, sondern den Partner in den Ring schicken.

Ich war jedenfalls hocherfreut, als mein Mann in der folgenden Woche eine Dienstreise nach Frankfurt ankündigte. Auch noch mit Auto, was mir den Besuch bei einer Freundin am selben Tag deutlich erschwerte.

Die 50:50 Methode

Ich bin mir nicht sicher, ob es das Glück, die Liebe oder der Sauerteig sind, die sich verdoppeln, wenn man sie teilt. Kalenderspruchweisheiten machen mich misstrauisch, weil sie mir ein einfaches Leben versprechen, von dem ich weder träume noch annehme, dass es existiert.

Im echten Leben begegnet mir vor allem eine Wachstumsregel ständig: Familienarbeit vermehrt sich, wenn man sie gleichberechtigt aufteilt. Es mag seltsam klingen, denn 50:50 klingt ja zunächst so, dass beide die Hälfte von dem wegschaffen, was insgesamt an Spielzeug auf Wohnzimmerteppichen oder Essensresten auf den Tellern zu beseitigen ist. Aber jede effiziente Arbeitsteilung braucht einen Plan. Und dessen Entstehung braucht Zeit. Die Stunden, die mein Mann und ich im Jahr mit Absprachen, Besprechen und Aufrechnen beschäftigt sind, verbringen andere Paare als Jahresurlaub am Strand.

Wer kauft auf dem Rückweg von der Arbeit noch

schnell Frühlingszwiebeln ein? Wer holt die verdammte UPS-Sendung von der Tankstelle ab, wo sie der Bote hinterlegt hat, weil angeblich keiner zuhause war, als er geklingelt hat? Wer leert den viel zu kleinen Staubcontainer beim dauervollen und endlos piepsenden Saugroboter?

Es kostet nicht nur Zeit, sondern auch viel Geduld und Nerven, ein Leben zu führen, in dem Vater und Mutter beide Vollzeit arbeiten und zuhause schön abwechselnd die Herdplatte putzen, die Freibadtasche packen oder versehentlich eingesaugte Legosteine aus dem Staubsaugerbeutel befreien.

Manchmal blicke ich neidisch auf Paare, die in der typisch deutschen Rollenverteilung leben: Der eine arbeitet Vollzeit, die andere Teilzeit. Die Person, die weniger Zeit im Büro verbringt, hat mehr Zeit zum Einkaufengehen, für Fahrten zum Fußballtraining oder Kaffeekränzchen bei der Tante. Folglich führt sie auch die Einkaufsliste, hat die Schuhgröße der Kinder im Kopf und bringt die Geburtstagskarten für Familienmitglieder zur Post. Für mich, als Frau eines Mannes, der sogar bei der Farbe der Gardinen im Wohnzimmer ein Mitspracherecht haben möchte, was den Auswahlprozess auf ungefähr ein Jahr ausdehnt, klingt das eigentlich nach einem fairen Deal.

Klare Arbeitsteilung, gleich klarer Kopf für beide, dachte ich. Das würde auch die vielen soziologischen Studien erklären, aus denen hervorgeht, dass Frauen und Männer, die in traditionellen Rollenverteilungen leben, zufriedener sind als Paare, die, so wie wir, den feministischen Traum vom gleichberechtigten Karrieremachen, Kinderkriegen und Kloputzen leben.

Dennoch gibt es viele Familienratgeber, die sich die Aufteilung von Hausarbeit und Erziehung zu gleichen Teilen auf die Fahne geschrieben haben und ein glücklicheres Leben versprechen. Die mentale Last, ständig alle Aufgaben des täglichen Familienalltags planen und ausführen zu müssen, wird darin als »Mental Load« bezeichnet. Eine Art Mikrostress, der sich durch ständiges Multitasking in Dauermüdigkeit oder Burn-out verwandeln kann.

Oft heißt es dann: Eltern, die Haushalt und Kindererziehung partnerschaftlich schultern, können viel gewinnen. Schön wär's. Zeit gewinnen sie jedenfalls nicht. Da helfen auch keine Familienplaner. Jedes Jahr, ich habe kurz vor Silvester Geburtstag, bekomme ich einen Familienplaner geschenkt. Oder einen Kalender mit metergroßen Kästchen für das tägliche Organisieren meines Doppellebens als Mutter und Vollzeitbeschäftigte. Ich verstaue diese Druckerzeugnisse immer eine Weile im Schrank, überlege, ob ich sie heimlich weiterverschenken soll, habe aber zu wenige Freunde, die zum Jahresbeginn Geburtstag haben, und werfe sie dann irgendwann im Juli ins Altpapier.

Mein Mann und ich arbeiten mit Apps wie »Things« und anderen digitalen Steuerboard-Tools, um nicht den Überblick zu verlieren, wer was wann erledigen muss. Eigentlich genau so, wie es auch die Mental-Load-

Ratgeber vorschlagen. Trotzdem wird der Familienstress dadurch nicht merklich kleiner. Es passiert ständig Unvorhergesehenes, sodass neu abgestimmt und entschieden werden muss, wer seine eigentliche Arbeit unterbricht und einspringt.

Ich habe es noch nicht mal in der Coronazeit geschafft, Brot selbst zu backen, dabei war ich häufig tagelang im Homeoffice. Wer Sauerteig selbst herstellen will, muss über mehrere Tage nach einer sehr genauen Choreografie Roggenmehl und warmes Wasser vermengen. Ich habe mir diese Termine in Kalender und Familienplaner eingetragen – und sie dann trotzdem vergessen, weil das Kind am Morgen des viereinhalbten Löffels Mehl einen Bienenstich im Fuß hatte und ich erst gegen Mittag zum ersten Mal den Kalender öffnete.

Die Weihnachtszeit bringt die gerechte Familienorganisation in unserem Haushalt erst recht zum Einstürzen. Selbst Mütter mit Vollzeitjob oder Ministeramt binden sich Anfang Dezember Schürzen um, backen Plätzchen, befüllen Adventskalender, basteln Fotobücher und Sterne aus Butterbrottüten oder erledigen die Weihnachtspost für den Partner. Natürlich stürze auch ich mich voller Vergnügen in den Weihnachtswahnsinn. Niemand zwingt mich zur Verwandlung in eine Darstellerin eines Heimatfilms aus der Zeit von Heinz Rühmann. Aber genau da liegt vermutlich das Problem: Frauen übernehmen viel zu oft freiwillig die täglich anfallenden Hausarbeiten. Sie leeren schnell den Mülleimer, befüllen die Brotbox fürs Schulkind oder rufen rasch die kranke Tante an.

Dabei ist es nicht so, dass das weibliche Geschlecht grundsätzlich multitaskingfähiger wäre als das männliche. »Schaffen statt gendern«, schrieb der Stuttgarter CDU-Oberbürgermeister Frank Nopper auf seine Wahlplakate. Warum ist nicht beides möglich? Vielleicht weil es Frauen Männern zu einfach machen – statt den Vater der eigenen Kinder zum Einsatz in den eigenen vier Wänden zu verdonnern.

»Hättest du doch was gesagt!« So lautet die klassische Verteidigungsantwort von Männern, deren Frauen irgendwann der Kragen platzt. Mir scheint: Was vielen Paaren, die sich die Familienarbeit mit ihrem Partner bislang nicht geteilt haben, fehlt, ist die gegenseitige Anerkennung ihrer Leistung und das Einfühlungsvermögen in die Nöte des anderen. Die Mental-Load-Autorin Laura Fröhlich, die nach der Geburt ihrer drei Kinder beruflich deutlich kürzer trat als ihr Mann, schreibt: »Wenn er abends aus dem Büro kam, türmte ich gedanklich einen Berg an Dingen auf, die ich erledigt hatte und von denen er gar nicht wusste, dass sie existierten.« Gut möglich, dass dieser Frust der viel größere Ehenfresser ist als die Belastungen, die mein Mann und ich durchs parallele Jonglieren von Kind, Kegel und Karriere erleiden.

Fröhlich nervt, dass sie die einzige Person im Haushalt ist, die daran denkt, rechtzeitig neue Zahnpasta zu kaufen. Mich nervt, dass mein Mann bei jedem

Wochenendeinkauf zwei Zahnpastatuben kauft, weil er glaubt, die alte neige sich dem Ende zu, obwohl wir noch mindestens zehn Tuben im linken Badschrank liegen haben.

Am Ende bleibt die Herausforderung letztlich für alle Eltern dieselbe: Arbeiten, Kinder kriegen und Brot backen ist verdammt anstrengend.

Schafft den Muttertag ab!

Ohne Ermahnung Kugelbahn, Matchbox-Autos und Legosteine in Kisten sortieren! Von sich aus den Tisch decken und nach dem Essen die benutzen Teller in die Spülmaschine räumen! Einen ganzen Satz sagen, statt »Mama, kann ich einen Nachtisch?« rufen! Klar könnte unser Sohn mir damit eine große Freude machen. Allerdings nicht am Muttertag.

Statt Tränen vor Rührung, versetzt es mir immer einen Stich, wenn ich die »Du bist die beste Mama der Welt!«-Bastelei in den Händen halte, die der Junge rund um den Muttertag aus Kita oder Schule mit nach Hause bringt. Statt das meist herzförmige Tonpapier an die Pinnwand neben dem Schreibtisch zu hängen, hefte ich es meist in einem der vielen Kinderkunstordner im Keller ab.

Mit Worten kaum zu beschreiben ist das schlechte Gewissen, das mich überfällt, wenn ich den von Kinderhänden überreichten Zuneigungsbeweis nicht mal katalogisiere, sondern ihn irgendwann in der Woche nach dem Muttertag im Papiermüll entsorge. Mancher Bastelei sieht man trotz der emotionalen Botschaft einfach an, dass sie nicht wirklich aus inniger Mutterliebe, sondern strikt nach Anleitung pädagogisch geschulten Personals angefertigt wurde.

Besonders schlimm aber ist die alljährliche Marter, in die mich die Muttertagsbotschaften konservativer Politiker treiben. Besonders schlimm ist es in Bayern. Mich überkommt schnell Grusel-Gänsehaut, wenn ich an die Instagram-Kacheln, Tweets oder Videos denke, in denen der Mutter als »guter Seele der Familie« gehuldigt wird, die »mit einem Lächeln« alles zusammenhält.

Wem soll dieser zuckersüße Kitsch eigentlich schmeicheln? Selbst meine Oma, der zu Beginn des vergangenen Jahrhunderts auf der Schule für höhere Töchter Sticken, Stricken und Fortpflanzung als weibliche Lebensziele eingetrichtert wurden, wäre ob solcher Lobpreisungen vermutlich misstrauisch geworden. Liebende Mütter erkennt man an ihren Augenringen, sicher nicht an ihrem gütigen Lächeln.

Besonders schauerlich war das Schauspiel, das der CDU-Politiker und ehemalige Vorsitzende der Jungen Union rund um den Muttertag im vergangenen Jahr im sozialen Netzwerk X anzettelte. Aufgeregt (»dem Wahnsinn sind keine Grenzen mehr gesetzt«) hatte Kuban die Fotografie eines Elternbriefs gepostet, in dem das Team einer Kita um Verständnis bittet, dass die Kinder in diesem Jahr keine Geschenke zu Mutter- und Vatertag basteln.

»Oft werden an Muttertag und Vatertag stereotype Geschenke angefertigt«, so lautete eine der Begründungen der Pädagoginnen und Pädagogen. Der Brief der katholischen Einrichtung schließt mit der grammatikalisch etwas schrägen Satzkonstruktion: »Mit dieser Entscheidung möchten wir keinesfalls die Bedeutung eines Mutter- oder Vatertags absprechen, sie leisten etwas Großes!« Dennoch kommentierte Bayerns stellvertretender Ministerpräsident Hubert Aiwanger kurz darauf auf seinem Twitter-Profil: »Wer den #Muttertag in Frage stellt, kommt mit seinem Leben nicht klar.«

Bis zu diesem Zeitpunkt hatte in der aufgeregten Debatte über Sinn und Unsinn von Muttertagsbasteleien eigentlich niemand die Abschaffung des Muttertags angeregt.

Aber warum eigentlich nicht? Vor rund hundert Jahren, am 13. Mai 1923, wurde er in Deutschland eingeführt. Plakate mit Aufschriften wie »Ehret die Mutter« hingen damals in Schaufenstern und forderten unter anderem zum Kauf von Blumen auf. Zur Zeit der NS-Diktatur wurden Frauen, die Hitlers Allmachtsfantasien mit arischem Nachwuchs unterstützten, am Muttertag Mutterkreuze in Form militärischer Orden ausgehändigt.

Mich stört weniger die Kommerzialisierung oder die Nazivergangenheit des Ehrentags für Mütter. Mir macht das Frauenbild vom Heimchen am Herd Unbehagen, das hierzulande am Muttertag häufig propagiert wird. Klar, es kann nie schaden, Kindern beizubringen, dass man sich für die guten Dinge, die einem im Leben widerfahren, auch hin und wieder bedanken sollte. Das muss aber nicht ritualisiert an einem Muttertag, einem Vatertag, einem Elterntag oder – noch geschlechtergerechter und passender – einem »Tag der Sorge« passieren.

Ich brauche den Muttertag nicht, um mich von meiner Familie wertgeschätzt zu fühlen. Ich merke, dass mein Sohn mich liebt, wenn er noch als Grundschüler darauf besteht, dass ich ihm vor dem Einschlafen ein Lied vorsinge, bei dem er dann seinen Kopf an meine Schulter schmiegt.

Und meine eigene Mutter? Die rufe ich am Muttertags-Sonntag an, so wie ich sie jeden Sonntag im Jahr anrufe, um ihr aus meinem Leben zu erzählen oder mir Erziehungstipps geben zu lassen. Häufig nämlich fällt mir das Muttersein total schwer. Wenn Hubert Aiwanger sagt, wer eine Abschaffung des Muttertags fordere, komme mit seinem Leben nicht klar, dann muss ich ihm recht geben. Ja, ich habe mein Leben sehr oft nicht im Griff. Der Spagat zwischen Berufstätigkeit und Care-Arbeit zerreißt mich schier. Teile dieses Buches sind nach Mitternacht entstanden, weil davor keine Zeit für klare Gedanken war.

Was mich an Einlassungen wie denen des CDUlers Kuban oder des Freie-Wähler-Chefs Aiwanger am meisten ärgert, ist die Arbeitsverweigerung. Deren Job als Politiker ist es nicht, Frauen ein Recht auf Muttertagsbasteleien zu garantieren. Ihre Aufgabe wäre es zum Beispiel, die Altersarmutsgefahr von Frauen zu minimieren, Arbeitszeiten flexibler zu gestalten, den Mutterschutz auch Selbstständigen zu garantieren, mehr Kitaplätze zu schaffen oder die dortige Betreuungsqualität zu verbessern.

Viel zu oft komme ich als Mutter mit meinem Leben deshalb nicht klar, weil an den Schalthebeln der Macht Väter oder Söhne hocken, denen es vollkommen egal ist, wie es mir als berufstätiger Frau mit Kind geht. Gut gebrauchen könnte ich zum Beispiel eine Viertagewoche bei vollem Lohnausgleich. Oder ein Steuersplittingmodell, das Paare belohnt, die sich in gleichen Teilen um Erwerbsarbeit und Care-Arbeit kümmern. Was ich als Mutter in Bayern jedenfalls als Allerletztes brauche, sind konservative Politiker, die meinen, meiner Gebärkraft und Aufopferungsbereitschaft zu Ehren den Muttertag verteidigen zu müssen.

FRÜHE TRENNUNG

Der hohe Preis der Gratis-Kita

Es könnte alles so schön sein. Seit ziemlich exakt zehn Jahren gibt es in Deutschland einen Rechtsanspruch auf frühkindliche Förderung in einer Krippe. Die Politik hat Frauen wie mir und Männern wie meinem Mann versprochen, die Vereinbarkeit von Beruf und Familie zu verbessern. Sie hat viel Geld in die Hand genommen, um überall im Land Kindertagesstätten zu errichten – bunt bemalt, holzvertäfelt, frisch in jedes neue Wohngebiet betoniert. Auch in unseres am westlichen Stadtrand von München.

Einen Bäcker gibt es auf dem ehemaligen Gelände der Deutschen Bahn, das vor rund fünf Jahren in ein nettes Neubauquartier umgewandelt wurde, keinen. Auch eine Kneipe, eine Pizzeria, Kino oder Theater sucht man in der näheren Umgebung vergebens. Dafür gibt es gleich fünf Kitas, die in weniger als fünf Minuten zu Fuß erreichbar sind. Die paradiesisch anmutende Betreuungsinfrastruktur war einer der Gründe, warum wir mit unserem damals zweijährigen Jungen aus einer überteuerten

Altbauwohnung in eine bezahlbarere, aber ziemlich abgelegene Neubauwohnung gezogen sind.

Wir fanden auch schnell einen freien Platz in einer wunderschön mit viel Holz eingerichteten Kita, deren Garten so groß wie ein Fußballplatz war. Kurz darauf las ich, dass die Große Koalition aus Union und SPD den Ländern per »Gute-Kita-Gesetz« 5,5 Milliarden Euro zur Verfügung stellte. Die Ampelregierung legte mit dem ähnlich wohlklingenden »Kita-Qualitäts-Gesetz« ein paar Jahre später noch mal rund 4 Milliarden Euro für frühkindliche Bildung drauf. Das klingt alles gut!

Die Realität ist aber genau das nicht. Die Realität klingt nach: »Liebe Eltern der Marienkäfer-Gruppe, leider fallen bis Mittwoch zwei Mitarbeiter der Krippe aus. Wir bitten alle, die es möglich machen können, ihre Kinder zuhause zu betreuen.« Überall im Land müssen Eltern ihre Kinder früher abholen als geplant, bieten Kindertagesstätten in den Wintermonaten nur Notbetreuung an, gibt es nicht genug Plätze, fehlen Betreuerinnen und Betreuer. Und das Schlimme ist: Die Mangelsituation wird nicht besser. Egal, wie viel Geld die Politik nachschießt.

Schon in einer Erhebung aus dem Jahr 2019, also vor Corona und dem Zuzug vieler Flüchtlingsfamilien aus der Ukraine, kam die Bertelsmann Stiftung zu dem Fazit, dass bundesweit drei von vier Kindern eine Kita oder eine Krippe mit zu wenig Personal besuchten. »Individuelle Förderung bleibt dann auf der Strecke«, sagte Anette Stein, bei der Stiftung verantwortlich für den Bereich frühkindliche Bildung.

Bevor er in die Schule kam, hat unser Sohn in drei verschiedenen Kindertageseinrichtungen schätzungsweise 45 verschiedene Erzieher und Erzieherinnen kennengelernt. Es waren liebevolle, lustige, top ausgebildete Menschen darunter – aber kaum hatte sich der Junge an eine neue Bezugsperson gewöhnt, war sie schon wieder weg. Weder Sonja noch Enrico noch Yvetta kann ich vorwerfen, unseren Jungen im Stich gelassen zu haben. Genau das ist aber passiert.

Seine Lieblingserzieherin hieß Mandy. Sie wusste um die Weltraumobsession des damals Vierjährigen, klärte ihn darüber auf, dass auch Mädchen pupsen können und war die einzige Person, der er beim Vorlesen zuhörte. Nach weniger als einem Jahr war sie von einem Tag auf den anderen weg. Weitergezogen in einen anderen Kindergarten, wo man ihr vermutlich mehr Geld, mehr Verantwortung oder einfach einen kürzeren Weg zur Arbeit bot.

Gute Erzieherinnen wie Mandy können sich in Städten wie München die Jobs aussuchen. Schätzungsweise rund 600 Erzieherstellen waren zu dieser Zeit in der bayerischen Hauptstadt unbesetzt. Der Monat, in dem Mandy verschwand, hatte gut begonnen. Mit 318 Euro mehr auf dem Konto, eine Rückzahlung wegen zu viel entrichteter Betreuungskosten. München hatte um das Jahr 2020 die Kindergartengebühren gesenkt. Das Land Bayern subventionierte den restlichen Betrag mit 100 Euro pro Kind und Monat.

Aber was bringt ein kostenloser Platz, wenn er nicht

gut ist? Die Betreuungsqualität ist laut Bertelsmann Stiftung dann hoch, wenn im Durchschnitt 7,5 drei- bis sechsjährige Kinder von einer Person beaufsichtigt werden, die am besten auch noch anständig bezahlt wird und in einem stabilen Team arbeitet. Gute Kindergärten kann man außerdem daran erkennen, dass die Chefs oder Chefinnen nicht ständig Feuerwehr spielen müssen, sondern Zeit für Leitungsaufgaben haben.

Im schönen und günstigen Kindergarten unseres Sohnes mussten die zwei Kitaleiter ständig zwischen Bastelraum und Küche aushelfen, weil in der Grippesaison der Krankenstand unter den Betreuern derart anstieg, dass manchmal nur vier Erzieher auf siebzig Kinder kamen. »Wenn möglich«, stand dann an der Tür, »holen Sie Ihr Kind bitte schon um 12.30 Uhr ab.« Uns als Vollzeitberufstätigen war das leider nicht möglich.

Uns ging es wie den Eltern, die von Infratest dimap im Auftrag der Bertelsmann Stiftung zu den Kosten für die Kinderbetreuung befragt wurden und mehrheitlich antworteten: Sie seien sogar bereit, mehr zu zahlen. Wenn die Qualität der angebotenen Betreuung steige.

Es macht mich bis heute wütend, dass knapp die Hälfte der 5,5 Milliarden Euro des »Gute-Kita-Gesetzes« von den Ländern dafür verwendet wurde, Kindergartenplätze günstiger anzubieten, statt sie besser zu machen. Der Kindergarten war das zweite Zuhause unseres Sohnes. Meist versuche ich zu verdrängen, dass der Nachwuchs nicht nur von mir erzogen wird, sondern auch von Menschen, die damit viel zu wenig Geld verdienen und oft überlastet sind. Ich sah, dass sich die wechselnden Betreuerinnen unglaublich viel Mühe gaben. Gleichzeitig sah ich, dass sie fast immer ohne Angabe von Gründen wieder verschwanden, sobald unser Junge und wir sie ins Herz geschlossen hatten.

Mein Mann und ich erwarteten ja gar nicht, dass die Erzieher und Erzieherinnen im Kindergarten Ersatzvater und Ersatzmutter spielen. Wir hätten unseren Sohn am Morgen nur wahnsinnig gern in die Arme eines Menschen übergeben, bei dem es sich lohnt, sich den Namen zu merken. Wie die Betreuerin hieß, mit der mein Sohn die Eingewöhnung im Kindergarten durchlaufen hat? Keine Ahnung.

Als unser Sohn in der Post-Mandy-Ära erklärte, warum jeder Mensch rülpsen müsse, nämlich damit sich Brezel und Butter im Bauch gut auflösen können, und ich erstaunt fragte, von wem er das habe, sagte er: »Von einer Erzieherin.« Er merkte sich die Namen seiner Betreuer schon gar nicht mehr. Egal wie gut sie waren. So wild drehte sich das Personalkarussell, dass auch ich eines Tages für eine Erzieherin gehalten wurde: Beim Abholen bat mich eine andere Mutter um neue Mülltüten für die Kindertoiletten.

Die vielen Millionen und Milliarden, die in den letzten Jahren in Form von Gebührenerstattungen in die Geldbeutel der Eltern flossen, sind in Wahrheit Schmerzensgeld.

Statt Kitaplätze günstig zu machen, soll die Politik doch bitte zuerst die Ausbildung für Kitapersonal bezahlen und dessen Gehalt erhöhen. »Ich frage mich schon lange, warum pädagogische Fachkräfte in Kindertageseinrichtungen nicht in Anlehnung an die Bezahlung für Grundschullehrkräfte vergütet werden, wenn sie doch eine nicht minder komplexe, nicht weniger wichtige Bildungsarbeit leisten?«, sagt etwa die Entwicklungspsychologin Margarita Stolarova. Es ist doch ein Witz, dass viele Länder die Millionen aus dem »Gute-Kita-Gesetz« zur Entlastung der Eltern bei den Kitagebühren eingesetzt haben. Meine Wahlheimat Bayern, das selbst ernannte »Familienland«, übrigens zu 60 Prozent.

Finanzminister Christian Linder freute sich einmal in den sozialen Netzwerken darüber, die Rente »enkelfit« gemacht zu haben. Wie wäre es, wenn er die Enkel von heute so durchs deutsche Krippensystem bekommt, dass sie als Rentner keinen Dachschaden haben?

Für voll erwerbstätige Eltern wie uns ist jeder Cent, den der Staat im letzten Jahrzehnt in den Ausbau und die Ausstattung von Kinderkrippen investiert hat, ein Segen. Aber welchen Preis zahlen die Kinder? Wenn Personal ständig wechselt, der Weg zum freien Kitaplatz mit einer gestressten Mutter am Steuer quer durch die Stadt führt und die Nachmittagsbetreuung aus freiem Toben in der Kitaturnhalle besteht? Da fragt man sich schon: Schadet das deutsche Krippensystem in seiner jetzigen Form mehr, als dass es nutzt?

Einmal kam unser Sohn mit einem blauen Auge aus

der Kita nach Hause. Es war immer der gleiche Chaosbruder, mit dem der Junge aneinandergeriet. Die zwei müssten lernen, ihre Konflikte friedlich zu lösen, sagte die Kindergartenleitung. Wir fanden, die Erzieherinnen sollten sie unter ständiger Beobachtung haben. Ein frommer Wunsch angesichts der dünnen Personaldecke.

In den vergangenen Jahren sind mehr als siebzig Bachelor-Studiengänge für Kleinkind- und Elementarpädagogen geschaffen worden, deren hoch qualifizierte Absolventinnen und Absolventen aber in schlecht bezahlte Stellen entlassen werden. In vielen Bundesländern müssen Erzieher-Azubis immer noch Teile ihrer Ausbildung selbst zahlen. Eine bundesweite Längsschnittstudie legte jüngst nahe, dass fast ein Viertel aller pädagogischen Fachkräfte das Arbeitsfeld Kita innerhalb der ersten fünf Jahre nach dem Berufsstart wieder verlässt. Wer weiß, ob Mandy überhaupt noch als Erzieherin arbeitet.

Ich wäre jedenfalls fertig mit den Nerven, müsste ich siebzig Kindern möglichst vor Sonnenuntergang in ihre Wintergarderobe helfen. Über Mütze, Matschhose und gefütterte Gummistiefel, die unser Sohn beim freien Spiel im eiskalten Kitagarten nicht trug, regte ich mich irgendwann schon gar nicht mehr auf. Dass damals nicht einmal Zeit blieb, Mandy zu verabschieden, macht mich heute immer noch traurig. Ich hätte mich gerne bei ihr bedankt. Unser Junge murmelt immer noch, wenn er ihren Vornamen irgendwo aufschnappt: »Mandy ist so toll.«

Wäre unser Sohn zuhause besser aufgehoben?

Denke ich an meine eigene Kindergartenzeit vor rund 35 Jahren zurück, sehe ich sofort meine Erzieherin Iris vor mir. Ich erinnere mich an ihre dunklen Locken und die Weihnachtsgeschichten, die sie so toll vorlesen konnte. Sie brachte mir bei, wie man Schnürsenkel bindet, wie man Ostereier mit Wachs bemalt und dass Zähneputzen keine von Erwachsenen ersonnene Kinderschikane ist, sondern Karies und Baktus abwehrt, die sonst mit Mini-Presslufthammern Löcher in Milchzähne meißeln.

Iris war bis zu ihrer Pensionierung im gleichen Kindergarten von Tübingen tätig. Der, den ich im Alter zwischen drei und sechs Jahren vormittags besuchte. Mittagessen gab es zuhause. Die ersten drei Lebensjahre betreute mich meine Mutter mithilfe einer Kinderfrau aus der Nachbarschaft. Ebenfalls zuhause. Mein Vater arbeitete den ganzen Tag. Er war Richter am Landgericht Tübingen. Für Erziehung und Haushaltsdinge war meine Mutter zuständig. Wenn sie Zeit für sich selbst brauchte, ging sie eine Runde schwimmen im Hallenbad – während ich allein im Gitterbettchen Mittagsschlaf hielt. Damals gab es noch keine Babyphones, noch nicht mal Handys oder sonst eine Möglichkeit, zu checken, ob es der schlafenden Mini-Anna im Kinderzimmer gut ging.

Aus heutiger Perspektive kommt einem diese Waghalsigkeit meiner Mutter beinahe kindeswohlgefährdend vor. Aber was schadet einem Kind mehr: Ein paar Stunden Einsamkeit verbunden mit dem Schreck, dass nach dem Wachwerden womöglich nicht sofort die Mutter am Gitterbett steht? Oder acht Stunden Fremdbetreuung von Menschen, deren Namen man sich kaum merken kann?

»Für die Gehirnentwicklung eines Kindes ist es nicht gut, wenn es mit unter zwei Jahren in die Kita gegeben wird,« sagt zum Beispiel die Psychologin Stefanie Stahl, deren Bücher mit Titeln wie »Das Kind in dir muss Heimat finden« seit Jahren die Bestsellerlisten anführen. Stahl argumentiert, dass Kinder in der Kita nur mangelhaft lernten, Stress zu regulieren, was bis ins Erwachsenenalter reichen könne. Sicherheit könnten am besten »ganz nahe Bezugspersonen« geben.

Thesen wie ihre sind zwar umstritten, weil immer wieder Langzeitstudien etwa aus den USA oder Norwegen, wo rund 60 Prozent aller Kinder unter drei Jahren eine Betreuungseinrichtung besuchen (in Deutschland sind es rund 36 Prozent) belegen, dass eine frühe außerfamiliäre Betreuung keinen nachweisbaren Schaden in der Psyche der Kinder verursacht. Außerdem betonen Kleinkindpädagoginnen wie die Autorin Susanne Mierau, dass Bezugspersonen außerhalb des Kleinfamilienmodells Vater-Mutter-Kind sowie altersgemischte Spielgruppen wichtig für eine gesunde kindliche Entwicklung sind. Aber natürlich habe ich mich schon oft gefragt, ob ich den damals Einjährigen zu früh und zu lange zuerst zu einer Tagesmutter und dann in die Kita gegeben habe? Meistens wurde er ja nicht nur vormittags von anderen umsorgt, so wie ich damals als Kindergartenkind, sondern bis 15 Uhr oder 16 Uhr, manchmal auch 17 Uhr.

»Kinder gehören in den ersten drei Lebensjahren nicht in die Kita, sondern zur Mutter.« Das sagte mir neulich auch ein Kinderpsychologe mitten ins Gesicht. Der Mann dürfte nicht sehr viel älter als ich gewesen sein. Er hatte einen indisch anmutenden, vielleicht auch arabisch-türkischen Migrationshintergrund. Er trug diesen Hammersatz in gebrochenem Deutsch sehr ruhig und sachlich vor, gänzlich ohne Bewusstsein für die Brisanz seiner Worte. Für ihn schien sich diese Erkenntnis auf dem Niveau von Erziehungs-Einmaleins-Klassikern wie »Grundschülern keine Schokoriegel in die Brotbox packen!« oder »Insassen im Auto immer anschnallen!« zu bewegen. Er kam gar nicht auf die Idee, dass ich ihm da widersprechen könnte. Was ich auch nicht tat, denn seine Worte trafen mich wie der Hammer eines Hau-den-Lukas-Profis auf dem Oktoberfest.

Während ich Luft holte und nicht wusste, welchen Teil des feministischen Manifests in meinem Kopf ich ihm zuerst vortragen sollte, fiel mir ein, warum ich diesem unmöglichen Mann überhaupt gegenübersaß: Unser damals siebenjähriger Sohn war gerade in die Grundschule gekommen und hatte Konzentrationsschwierigkeiten und Gefühlsausbrüche mitten im Unterricht. Weswegen uns seine Grundschullehrerin geraten hatte, der Sache auf den Grund zu gehen.

Was, wenn der Chauvi-Psychologe recht hat? Was, wenn die Kinderärzte recht haben, die in ihrem zu dieser Zeit erschienenem Aufruf zur »Wende in der Kleinkindbetreuung« davor warnten, dass die Grundbedürfnisse von Kleinkindern »unter den heutigen Bedingungen in der Krippe« nicht befriedigt werden könnten und zu Verhaltensauffälligkeiten führten, unter anderem auch zu »motorischer Unruhe mit Aufmerksamkeitsdefiziten«? Was, wenn da gerade eine vernachlässigte Generation Gratis-Kita herangewachsen ist, deren Teil unser Junge ist? Hat er einen psychischen Knacks, weil er, wie Kinderpsychologin Stahl mahnt und meint, nie gelernt hat, sein Stresslevel alleine zu regulieren?

Natürlich könnte unser Kind sich sein impulsives Verhalten auch von seiner Aufregung nicht abgeneigten und Shitstorm erprobten Journalistenmutter abgeschaut haben. Seine Lautstärke hat er vielleicht vom Vater mit der Sängerfamilienstimme vererbt bekommen.

Sicher scheint indes, dass die Politik viel mehr Anstrengungen als bisher unternehmen muss, um die

Kitamisere nicht der Verantwortung und dem schlechten Gewissen der Eltern zu überlassen. Was nutzt ein Rechtsanspruch auf einen Krippenplatz, wenn er ohne Qualitätsanspruch daherkommt?

Während der Coronakrise und dem damit verbundenen Lockdown, als Schulen, Kitas, aber auch mein SPIEGEL-Büro in der Innenstadt von München geschlossen waren, kam mir ein schlimmer Verdacht: Wie kommt es, dass unser Sohn so glücklich wirkt, seitdem er Mutter und Vater von frühmorgens bis abends um sich herum hat?

Unser Junge und die Klopapierproduzenten dieses Landes hatten jedenfalls etwas gemeinsam: Sie profitieren von der verheerenden Coronapandemie. Menschen starben, andere verloren ihren Arbeitsplatz, litten unter Einsamkeit. Unser Sohn hingegen schien die wohl beste Zeit seines Lebens zu haben. Seit der Fünfjährige nicht mehr jeden Morgen in den Kindergarten musste, sprang er leise aus dem Bett und stellte den Untergang der Titanic mit Legosteinen nach, bis der Wecker seiner Eltern klingelte. Ja, gut, er durfte auch mehr fernsehen und auf dem iPad spielen als sonst. Das erklärte sicher einen Teil seiner guten Laune. Aber nicht die enormen Entwicklungsfortschritte.

Das Kind hat in den Lockdown-Wochen seine Angst vor Fahrradpedalen überwunden und kurvte stolz um den Block. Es puzzelte freiwillig und machte auch ohne Eis als Belohnung die Hausaufgaben, die ihm seine

Logopädin per Digitalunterricht auftrug. Zungenbrecher wie Schiffsschraube, Unglücksstelle oder der englische »Captain Smith« kamen ihm plötzlich ganz leicht über die Lippen. So einen großen Fortschritt in so kurzer Zeit erlebe sie selten, sagte die Logopädin am Ende der letzten Unterrichtseinheit.

Auch wir staunten: Mit Hingabe ließ sich derselbe Sohn, der ohne Virenpandemie vor der Haustür nicht länger als fünf Minuten stillsitzen konnte, stundenlang aus Büchern vorlesen, bevorzugt aus dem über die Titanic. Er fragte nach, was Leuchtraketen sind, und rechnete vor, dass 1000 Rettungsboote besser als 16 gewesen wären – statt mit hängenden Augenlidern die Frage, wie ihm der Tag im Kindergarten gefallen habe, zu ignorieren.

Abgesehen vom Wattestäbchen, das er sich ins Ohr bohrte, bis es blutete, hatte er Anfang des Pandemiejahres 2020 eine großartige Zeit. Es tat ihm offensichtlich gut, zuhause zu sein. Er vermisste keine Kindergartenfreunde, keine Kindergartenerzieherinnen, keine Kindergartenkässpätzle, noch nicht mal den Kindergartentischkicker.

Wenn ich in den besorgniserregenden Wochen zu Beginn der Coronapandemie in der Lage war, einen klaren Gedanken zu fassen, habe ich mich oft bei der für eine Karrierefrau unerhörten Frage ertappt: Wäre unsere dreiköpfige Familie glücklicher, wenn der Junge sehr viel reduzierter als neun Stunden am Tag in den Kindergarten ginge? Für das Kind war es offenbar ein Segen, den ganzen Tag zuhause verbringen zu können. Für uns Eltern natürlich nur bedingt: Mit Kind, aber ohne jegliche Betreuer saßen wir plötzlich im Homeoffice und hatten für die gleiche Menge Arbeit deutlich weniger Zeit als sonst. Anfangs dachte ich noch, es werde gar nicht so schlimm. Dann klingelte am ersten Tag der Ausgangssperre Punkt 9 Uhr das Handy. »Leg auf!«, wütete der Sohn. »Wir spielen jetzt.« Als ich nicht reagierte und ans Telefon ging, schrie er: »Die Frau ist doof!« Die Frau war meine Chefin.

Ständig konkurrierten mein Mann und ich darum, wer in den nächsten Stunden die noch wichtigere Videokonferenz im Terminkalender hatte und deshalb bitte vom anderen den Rücken freigehalten bekommen musste.

Und wehe, dieser andere beaufsichtigt dann nicht nur den Sohn, sondern auch den eigenen Handybildschirm und übersieht daher den Moment, in dem das Wattestäbchen Richtung Trommelfell des Kindes vorstößt. Meinem Mann, der besseren Mutter, wäre das womöglich nicht passiert.

Einmal hatte ich im Homeoffice zur Pandemiezeit Markus Söder zu Gast. In dem Interview per Videokonferenz mit ihm und zwei Kollegen aus dem Berliner Büro ging es um das Versagen der EU-Kommission, Eifersüchteleien unter den Bundesländern und seinen Alltag in der Coronazeit. In der Krise, sagte er, werde nicht nur ein starker Staat verlangt, sondern in Familien auch oft nach dem Vater gefragt. Mitten im Gespräch stolperte dann allerdings mein Sohn ins Arbeitszimmer. Er hatte offenbar nach der Mutter gefragt.

Das Kind war noch Tage später entzückt, dem »König von Bayern« begegnet zu sein, wie er den Bayerischen Ministerpräsidenten damals gerne nannte. Im Kindergarten wäre ihm dieses zweifelhafte Glück wohl eher nicht widerfahren.

Smells like »Oh Tannenbaum«

Vor zwanzig Jahren entstand im Wohnzimmer von Friedrich Merz ein Bild, das dem Vater und heutigen CDU-Vorsitzen viel Spott eingebracht hat. Seine Familie hatte sich für den Fotografen in die gute Stube begeben: Friedrich Merz an der Klarinette begleitet seine Tochter am Klavier. Wie spießig, rückwärtsgewandt, provinziell! So denken offenbar viele. »Es wäre mir lieber, von einem Politiker zu erfahren, dass er mal Gras geraucht hat, als solche Fotos von ihm zu sehen«, befand eine Kritikerin vor rund vier Jahren. Damals machte das Foto im Zuge von Merz' Rückkehr auf die politische Bühne in den sozialen Medien die Runde.

Mich belustigt das Foto nicht. Es macht mich eher neidisch. Die Familie versammelt sich im Wohnzimmer, jeder ein Instrument spielend. Eigentlich ist das doch schön. Ich erinnere mich noch gut an ein Weihnachtsfest vor vermutlich dreißig Jahren, als die Tübinger Großfamilie gemeinsam musizierte. Zwei meiner Cousins fabrizierten Töne auf der Querflöte, meine Mutter und mein damals zehnjähriges Ich versuchten sich an der Blockflöte, meine Tante klopfte mit Klanghölzern den Takt und meine damals siebenjährige Schwester nach eigener Eingebung auf das rote Xylofon vor sich. Unsere schwer krebskranke Oma sang leise mit. Mein Vater nahm das Hausmusik-Event stolz mit der Videokamera auf.

Musik schafft Gemeinschaft, verbindet Generationen, macht Menschen glücklich. Egal, ob man selbst musikalisches Talent hat oder nicht. Musik kann Menschen aber auch einlullen, für doof verkaufen oder erziehen wollen. Der Sinn von pädagogisch wertvollen Kinderliedern, in denen eine Prinzessin Ritter sein will oder ein Löwe das Lesen lernt, erschließt sich mir zum Beispiel nicht. Lust aufs Mitsingen oder Mitmusizieren macht diese Art Songs jedenfalls kaum.

Im Podcast der »Sendung mit der Maus« wird auf kindgerechtem Humorlevel gerappt: »Yeah, ich hab immer Party auf dem Teller, Müsli mit Ketchup oder Spaghetti mit Nutella«, gefolgt von der Frage »Warum bleibt das nicht für immer so? Warum landen all die schönen Sachen mal im Klo?« Aber Partystimmung kam blöderweise nicht auf, als wir uns die achtstündige Autofahrt vom Strandurlaub in Kroatien mit öffentlich-rechtlicher Kindermusik über, haha, »Stinkefüße« oder Chaos im Kinderzimmer versüßen wollten.

Warum auch sollen wir unsere Kinder mit Pädagogikpop beschallen, wenn es doch gerade in Deutschland uraltes, klassisches Liedgut gibt, das man genauso gut spielen kann? »Fuchs, du hast die Gans gestohlen«, »Es klappert die Mühle am rauschenden Bach«, »Nun ruhen alle Wälder«, »Es führt über den Rhein eine Brücke aus Stein«. Vermutlich klinge ich jetzt für manche wie die Vorsitzende einer bürgerlich-konservativen Partei, die nicht mehr alle Tassen und Klanghölzer im Schrank hat. Aber ich glaube einfach nicht, dass Kinder lustige Stinkefuß-Songs besser finden als Volkslied-Evergreens.

Klar muss man Kinder in der Kita vielleicht nicht mit Mozarts Klarinettenkonzert in A-Dur beschallen, aber warum nicht mit »Eine kleine Nachtmusik« oder Vivaldis »Vier Jahreszeiten«? Gemeinsam mit den Kindern gesungen wurde jedenfalls in keiner der drei Kitas, die unser Sohn im Laufe seines Lebens besucht hat. Wenn den Kindern Musik vorgespielt wurde, dann meistens billige Mitgröl-Hits: »Und ich flieg, flieg, flieg wie ein Flieger« oder der Neunziger-Hit »I like to move it« von Reel 2 Real.

Die Ballermann-Beschallung scheint unserem Sohn die Lust am Singen eher ausgetrieben zu haben. Als Kleinkind saß er im Kinderwagen und hat mitten im Sommer lauthals »Oh Tannenbaum« angestimmt. Wenn wir ihm jetzt, zum Beispiel auf längeren Autofahrten, vorschlagen, gemeinsam zu singen, rümpft er die Nase. Dann sind wir offenbar die uncoolsten Eltern der Welt.

Ich habe auch nichts dagegen, dass der Junge während der Wiesnzeit in München den ziemlich sexistischen »Layla«-Song irgendwo aufgeschnappt hat. Aber wenn er danach tagelang durch die Wohnung läuft und die eingängige Melodie sogar beim Zähneputzen vor sich hin summt, mache ich mir leichte Sorgen. So wie man die Gesundheit von Kindern womöglich irreparabel schädigt, wenn man sie schon als Babys mit Süßigkeiten vollstopft, verblödet der Nachwuchs mit allzu seichter Berieselung vermutlich musikalisch.

Irgendwann haben mein Mann und ich einen alternativen Text erfunden, damit der damals Siebenjährige auf seinem Ohrwurm-Trip zumindest nicht den Besuch im Puff lauthals besingen muss. »Er ist größer, runder, schöner, la la la la, der superscharfe Döner« haben wir ihm vorgesungen. Die Zeile klingt nun hin und wieder auf Autofahrten gemeinsam aus unseren drei Kehlen.

Der Musikgeschmack eines Menschen wird angeblich am stärksten bis zum zehnten Lebensjahr geprägt. Die Kinder hören in der Regel alles gern, was auch den Eltern gefällt. Die Ausnahme: Punk. Damit wissen die Kleinen offenbar in den meisten Fällen nichts anzufangen. Das sehr gitarrenlastige und laute »Smells like teen spirit«, das ich als Kind der Neunziger aus nostalgischen Gründen gern höre, findet unser Sohn in der Tat schrecklich. Erwachsenen-Rap wie die Lieder der Wiener Musiker Kreiml & Samurai, die Stücke von Danger Dan oder der Retro-Rap der Heidelberger Band »Die Firma« kommen dafür gut an.

Besonders freuen wir uns, wenn der Junge zu Besuch bei den Großeltern seinen Opa auffordert, am Flügel klassisches Liedgut wie »Oh Tannenbaum« anzustimmen. Leider spielt keiner von uns Klarinette. Selbst die Blockflöte beherrsche ich nicht mehr. Wir singen aber alle gemeinsam mit.

Ein Baby namens Olaf

Die Vornamen auf den Geburtsanzeigen, die im Laufe der letzten Jahre in meinen analogen oder digitalen Posteingang gewandert sind, erschienen mir in den seltensten Fällen sofort einleuchtend. Von Ausnahmen wie Benjamin oder Marie abgesehen, ließen mich viele Babynamen schmunzeln oder irritiert an den Kopf fassen. Schwäbische Jungs und bayerische Mädchen waren mit Identitäten bedacht worden, die nach ungarischen Romanautoren, norwegischen Fjorden oder nach mexikanischem Gemüseeintopf klangen.

Natürlich habe ich allen befreundeten Eltern herzlich zur originellen Namenswahl gratuliert. Deswegen kann ich jetzt auch keine Beispiele nennen – sonst hagelt es Freundschaftskündigungen. Oder Retourkutschen. Denn auch mein Mann und ich haben unseren Sohn nicht einfach Christian, Robert oder Markus genannt.

Wir wollten einen Vornamen finden, bei dem uns nicht die Gesichter von Klassenkameraden oder ehemaligen Kommilitonen anlachen beim Blick ins Babygesicht. Das Neugeborene sollte auch keinen der Namen bekommen, die eben jene Studienfreunde ihrem Nachwuchs bereits verpasst hatten. Oskar, Leopold, Paul, Henri, Felix und Emil waren schon vergeben. Wie so viele vor uns waren auch wir auf der Suche nach einem Vornamen, der nicht untergeht in der Masse des Immergleichen. Ein Name, der keinem Trend folgt. Eine Absicht, die blöderweise im Trend liegt. Am Ende landeten wir bei einem uraltdeutschen Vornamen. Den wir nicht verraten. Nicht, dass ihn uns jemand stiehlt. Oder vor Lachen zusammenbricht.

So viel kann ich verraten: Wir haben den Vornamen unserer beider Großväter gewählt. Außerdem gibt es einen Bundeskanzler und Friedensnobelpreisträger, der so hieß, wie wir unseren Sohn rufen. Trotzdem wette ich, dass mindestens die Hälfte unseres Freundeskreises belustigt oder entsetzt die Augen aufriss, als sie von unserer Namenswahl hörte. Die Sprechstundenhilfe beim Kinderarzt verwechselt bis heute Vorname und Nachname unseres Jungen, weil sie Clauß offenbar für vornamentauglicher hält als seinen echten Vornamen.

Immerhin haben wir bei der Vornamenswahl der Versuchung widerstanden, einen Fantasienamen zu wählen. In der Neugeborenen-Galerie des Klinikums, in dem ich unseren Sohn entbunden habe, finden sich Babys mit den Namen wie Nala, Luna, Noelia, Andor, Josip, Cosmo oder Stella. Diese Wortschöpfungen klingen alle sehr weich und niedlich. Aber in meinen Ohren mehr nach Mondmännchen oder Zauberwesen als nach real existierenden Erdenbürgern.

Es spricht überhaupt nichts dagegen, dass Eltern ihren Kindern Vornamen geben, die für sie schön klingen. Trotzdem frage ich mich, ob es den Hang zu originellen Vornamen schon immer gab. Was sagt es über eine Gesellschaft aus, wenn Eltern ihren Kindern den Auftrag zur Einzigartigkeit schon zur Geburt in den Pass notieren? Was ist so schlimm an Mainstream, Durchschnittlichkeit, Mehrheit und Mitte?

Man kann es sich natürlich einfach machen und den Individualismus bei der Namenswahl zum wundersamen Großstadtphänomen erklären. Ein Szenemagazin der Hauptstadt hat einmal die Namensstatistik des Berliner Landesamtes für Bürger- und Ordnungsangelegenheiten durchforstet – um auf Raritäten zu stoßen wie Bam-Bam, Fanta, Urmel, Jayden-Jax oder Issy-Fridericus. Auf dem Familienportal der »Heilbronner Stimme« hingegen heißen die »Babys der Woche« unter anderem noch Katharina, Sebastian, Nora und Tim.

Vielleicht war es immer schon so, dass Eltern bei der Namenswahl ihrer Babys Einzigartigkeit angestrebt und deshalb auf Neues, Seltenes oder ganz Altes statt auf Altbewährtes ausgewichen sind? Meine Großmutter Liselotte, genannt Lilo, soll sehr entsetzt gewesen sein, als sie meinen Vornamen hörte. Anna sei ein Name für Dienstmädchen, befand sie. Wahrscheinlich falle ich vor Schreck in Ohnmacht, wenn mein Sohn mir in dreißig Jahren die Geburt seines Kindes verkündet mit den Worten: »Wir nennen ihn Olaf.« Oder: »Die Kleine heißt Nancy.«

Bei der deutschen Innenministerin Nancy Faeser denkt man doch sofort an eine amerikanische Eislaufprinzessin. Nicht an eine hessische SPD-Vorsitzende, die 1970 in Bad Soden geboren wurde. Man wüsste gerne, welche Geschichte sich hinter ihrem exotischen Vornamen verbirgt. Vielleicht ein Migrationshintergrund – so wie bei vielen Namen, die über den Garderobenhaken in den Betreuungseinrichtungen standen, die unser Sohn besucht oder besucht hat in den letzten Jahren. Mit unserem altdeutschen Jungsvornamen waren und sind wir zwischen den vielen Mohammeds, Hamzas und anderen recht orientalisch klingenden Vornamen eher die Ausnahme als die Norm.

Die Beobachtung, dass Kinder mit Eltern, die noch nicht lange in Deutschland zu leben scheinen, in mancher Schmetterlings- oder Marienkäfergruppe die Mehrheit darstellen, hat mich überrascht. Und zwar nicht zwingend positiv. Wenn zum Beispiel die Kita mitteilte, dass Schweinefleisch vom Speiseplan gestrichen wurde. Wenn Mädchen, die nicht älter als zehn Jahre zu sein scheinen, nur mit schwarzem Kopftuch bedeckt das Haus verlassen, um auf dem Spielplatz in unserem Viertel zu schaukeln und zu rutschen. Wenn ein Junge mit offenbar strenggläubigen Eltern, den unser Sohn zum Kindergeburtstag eingeladen hat, weder absagt noch kommt, weil – so hat er es später seinem Freund, also unserem Jungen, erklärt – seine Eltern, die aus Somalia kommen, es nicht erlauben. Dann macht man sich als Mutter Sorgen über den Zustand des Zusammenlebens. Und man ertappt sich dabei, konservativer zu denken als früher. Als man noch kein Kind hatte. Und Multikulti auch deshalb so verheißungsvoll und richtig klang, weil das Konzept den Alltagstest nicht bestehen musste.

Meine eigene Kindheit in Tübingen verlief westdeutsch, weiß, weltoffen. »Alle Menschen sind Ausländer. Fast überall.« Solche Sprüche lernten wir damals in der Grundschule. Ein Mitschüler hieß Taifun und hatte eine andere Hautfarbe als der Rest der Klasse. Die Eltern von Ivan waren aus dem damaligen Jugoslawien nach Deutschland gezogen. Integrationsschwierigkeiten hatten vor allem die Kinder aus den umliegenden Dörfern von Tübingen. Anders als wir Universitätsstadtkinder sprachen die Dorfkinder mit starkem schwäbischem Akzent. Man nahm sie deswegen nicht recht ernst.

Wie bei meinem Sohn, gab es auch in meiner Kindheit eine wichtige »Mandy«. Sie war keine Erzieherin, sondern eine Freundin mit einem – in meinen kindlichen Augen – maximal exotischen und coolen Migrationshintergrund. Zur Grundschulzeit, kurz nach Mauerfall und Wiedervereinigung, trat sie in mein Leben. Ihre Eltern kamen aus der DDR, wirkten jünger als meine, irgendwie freier und wagemutiger – ihre frisch bezogene Wohnung war damals eingerichtet mit den heißesten Trends der beginnenden Neunziger Jahre, also mit Airbrush-Kunst, einem knallroten Sofa in Kussmundform und Glastischchen überall. Die Holzeinrichtung meiner Eltern ist vermutlich besser gealtert, aber damals war Mandys moderner Name und der freshe Neuanfang-Lifestyle ihrer Familie etwas, das ich und meine Freundinnen neidvoll bewunderten.

Stadt, Land, West, Ost – das waren die Lebensbereiche meiner Tübinger Kindheit, an deren Grenzen gelegentlich Spannungen entstanden. Das Konfliktpotenzial, das ich vierzig Jahre später am Stadtrand von München beobachte, wo wir seit knapp zehn Jahren wohnen, scheint mir deutlich höher zu liegen. Schwer zu sagen, ob es daran liegt, dass ich inzwischen nicht mehr mit dem Blick eines Mädchens, sondern mit dem einer Mutter auf meine Nachbarschaft blicke. Offenbar hat nicht nur beim freiwilligen Verzicht auf meinen Mädchennamen und aufs Autofahren, sondern auch beim Blick auf das Thema Migration eine Art Retraditionalisierung stattgefunden, seitdem ich Elternteil bin.

Es ist nicht so, dass ich eine »Obergrenze für Migration«, wie sie aus Reihen der konservativen Union gefordert wird, befürworte. Ich halte auch die in AfD-Kreisen ventilierte Dystopie vom »Bevölkerungstausch« für eine Verschwörungstheorie. Wenn ich aber wie neulich im Bericht des Bundesinstituts für Bevölkerungsforschung zum Thema »Geburtenrate in Deutschland« lese, dass Frauen, die noch nicht lange in Deutschland leben, deutlich mehr Kinder bekommen als die historisch niedrigen 1,36 Kinder, die Frauen hierzulande statistisch zur Welt bringen, muss ich anerkennen, dass viele womöglich irrationalen Ängste einen realen Hintergrund haben.

In einer Stadt wie München, wo günstiger Wohnraum und Kitaplätze Mangelware sind, gibt es natürlich auch sehr reale Probleme und Verteilungskämpfe. Was mir außerdem auffällt, ist der seltsame Kulturwandel, der sich im Wortschatz unseres Sohnes widerspiegelt. Seine Lieblingsschimpfwörter scheinen arabischer Herkunft zu sein. »Wallah Krise!« ruft er gerne. Oder heißt es »Yalla, Krise!«? In meinen Ohren klingt es jedenfalls nicht sehr schwäbisch oder bayerisch. Wenn er Ärger mit seinen Freunden hat, bezeichnet er sie als »ehrlos«. Ehrlosigkeit ist kein Vergehen und erst recht kein Verhalten, das in unserem Familienalltag in irgendeiner Weise vorkommt. Trotzdem benutzt unser Junge das Wort ständig. Mich stört das. Ich kenne damit das Gefühl, an das Konservative versuchen anzuknüpfen, wenn sie die nächste »Leitkultur«-Debatte vom Zaun brechen.

Andererseits freut es mich, zu sehen, wie vorurteilsfrei unser Junge Menschen mit anderer Hautfarbe oder anderer Religionsangehörigkeit gegenübertritt. In seinem Freundeskreis findet der Junge aus Somalia genauso Platz wie der aus der Ukraine Geflüchtete Tamerlan, das Mädchen mit der rumänischen Mutter und der Freund, dessen aserbaidschanische Eltern bald eine Bäckerei aufmachen wollen.

Ich bin mir auch nicht sicher, ob in den unbezahlbaren Münchner Privatkitas oder -schulen, in deren Fluren noch urbayerische Leitkultur herrscht, weil die Mehrheit der Kinder allenfalls schwäbischen, hessischen oder ostdeutschen Migrationshintergrund hat, so viel ehrvoller miteinander umgegangen wird. Dass die Bildung dort besser ist, glaube ich auch nicht. Denn was ist denn Bildung überhaupt? Ich finde, die Fähigkeit zur Empathie und zum vorurteilsfreien Umgang miteinander gehört genauso dazu wie das Einmaleins oder das kleine Latinum.

Schon vor fünfzehn Jahren hatte jedes zweite Kind in München einen Migrationshintergrund. Auch mein Mann und ich sind, strenggenommen, »Zugroiste«, also zugewanderte Münchner. Wir haben uns beim Studieren in Niederbayern vermutlich auch deshalb schnell gut verstanden, weil wir beide einen baden-württembergischen Migrationshintergrund haben und eine Vorliebe für Linsen mit Spätzle teilen.

Unser Sohn kam in München zur Welt. Er spricht weder Bayerisch noch Schwäbisch, sondern ein Hochdeutsch mit orientalischem Machismo-Einschlag. Es sind schon sehr unterschiedliche Kinder aus unterschiedlichen Elternhäusern, die in unserem Wohnviertel am westlichen Stadtrand mit ihm zusammen Kita, Kindergarten und inzwischen die Grundschule besuchen. Er fühlt sich wohl in dieser Umgebung und scheint sich gut zurechtzufinden. Wahrscheinlich wird es Zeit, dass ich mein gelegentliches Unwohlsein überwinde. Vielleicht gelingt es Hamzas muslimischen Eltern auch eines Tages, ihre Angst vor unserer bayerischen Kultur, die ohne Zweifel Alkohol- und Schweinefleischkonsum verherrlicht, zu überwinden. Und ihren Sohn am nächsten Kindergeburtstag unseres Jungen teilnehmen zu lassen.

Freizeitstress

Fußball verbindet. Mannschaftssport, so dachte ich auf der Suche nach einem sportlichen Hobby für unseren Sohn, bringt schon den Kleinsten Teamgeist bei und stärkt den sozialen Zusammenhalt unserer Gesellschaft. Kurzum, ich hätte den Jungen gerne schon im Kitakindalter beim Fußballtraining angemeldet. Es gab nur ein Problem: Er wollte nicht.

Selbst ins Kinderturnen war unser Junge nur ungern gegangen. Die Konkurrenz und das Gerangel mit anderen Jungs schienen ihm keinen Spaß zu machen. Er gewann zwar jedes Wettrennen, weil er circa einen Kopf größer als Gleichaltrige war und koordinativ nicht ungeschickt ist. Aber mein Ehrgeiz als Mutter, das sportlich talentierte Kind irgendwie zu fördern, schien größer zu sein als seine Motivation.

Natürlich will und wollte ich unser Kind nicht zu seinem Glück zwingen – wenn der Junge zufrieden damit ist, auf Bäume zu klettern, mit dem Fahrrad durchs Viertel zu brettern und am Abend Dreck und aufgeschürfte

Knie im Rasensprenger zu waschen, soll er das tun. Vor einer »Terminkindheit«, wie die Schweizer Erziehungswissenschaftlerin Margrit Stamm den mit Geigenunterricht, Mini-Yoga oder Ergotherapie durchgetakteten Alltag vieler Kinder beschreibt, würde ich den Sohn gerne bewahren. Schon die Kleinsten werden heutzutage durch Trainings, Coachings und Beratungsarmeen geschleust, um in der Leistungsgesellschaft zu performen.

Die Pädagogin Heidemarie Arnhold sagte in einem Interview mit dem SZ-Magazin den bemerkenswerten Satz: »Wenn Eltern das Gefühl haben, ihr Kind bräuchte ein Hobby, sollten sie sich immer fragen: Will mein Kind das oder will ich das?« Die heutige Elterngeneration habe Angst, ein Talent des Kindes zu übersehen und es so auf seinem Lebensweg zu beeinträchtigen. Die Eltern spürten einen Druck, mit perfekter Förderung ein supertolles, supertalentiertes Kind kreieren zu müssen. Das sei »relativ neu, noch in der Generation meiner Mutter war es so, dass man das Kind im Kinderwagen an die frische Luft stellte, und gut war's«.

Ich fühlte mich ertappt. Versuchte auch ich, unseren Sohn, zumindest unterbewusst, auf die Erfolgsspur setzen? In der Tat ist es so, dass mich das uferlose Freizeitangebot in einer Stadt wie München als Mutter unter Druck setzt. Vom Babyschwimmen über Pekip, Musikgarten, Boulder-Kurse für Kids in der Kletterhalle bis hin zu Töpferkursen, Drag-Lesungen für Kinder in der städtischen Bibliothek oder Workshops am Vertikaltuch und Trapez gibt es für jedes nur erdenkliche Interesse des Kindes ein Angebot. Dieses großstädtische Privileg muss man doch ausnutzen! Ich komme mir angesichts der Riesenauswahl fast verantwortungslos vor, das Kind nicht mindestens zweimal die Woche zur freien Talententfaltung in einen Sportkurs oder zur musikalischen Früherziehung zu kutschieren.

Einmal sprach der nette Bäckereifachverkäufer beim Brezenkauf den kleinen Athleten an meiner Hand an. »Du siehst aus wie ein sportlicher und supercooler Junge. Ich glaube, dir könnte Capoeira Spaß machen.« Er war Brasilianer und gab in seiner Freizeit Capoeira-Kurse für Kinder. Nur leider am anderen Ende der Stadt. Klar, brasilianischer Kampftanz wäre ein originelles Hobby für einen Burschen aus Bayern. Aber reicht für den Anfang nicht die Anmeldung im örtlichen Fußballklub?

Dieses Hobby hätte so nahegelegen. Nicht nur, weil in unserer Nachbarschaft gleich drei Fußballfelder inklusive Flutlichtanlage stehen. Die Hälfte der Kitafreunde unseres Sohnes trainiert dort. Trotzdem interessiert er sich überhaupt nicht für Fußball. Viele der Nachbarskinder hatten sich zur Zeit der letzten Europameisterschaft vor vier Jahren zum Geburtstag Fußballtrikots gewünscht und durften zu den Spielen der Nationalmannschaft länger aufbleiben als sonst. Unser Sohn durfte das auch. Aber nach der ersten Viertelstunde im wirklich nicht langweiligen Spiel der Deutschen gegen Portugal stand der Junge auf, um seine tägliche Runde durch den Rasensprenger zu drehen. Als wir ihn in der

35. Minute beim Ausgleichstreffer der Deutschen aufgeregt nach drinnen riefen, blickte er sieben Sekunden interessiert auf den Bildschirm – drehte sich um und ging zurück in den Garten. Noch bevor der Ball in Superzeitlupe im Tor gelandet war.

Sport war in der Familie, aus der ich komme, immer wichtig. Meine Mutter sowie alle meine Tanten waren in ihrer Jugend erfolgreiche Schwimmerinnen, sie studierten Sport und arbeiteten vor ihrer Pensionierung als Sportlehrerinnen. Ich habe Schwimmen immer gehasst, dafür wurde ich Mitte der Neunzigerjahre als Außenangreiferin mit der Mannschaft der TSG Tübingen Deutsche Meisterin im Volleyball. Manche Freundschaften aus dieser Zeit halten bis heute. Klar fände ich es schön, wenn mein Sohn im Leben ähnliche Erfahrungen machen würde. Dass sich das eigene Kind ein komplett anderes Hobby, womöglich ganz ohne sportlichen Bezug, suchen könnte, liegt außerhalb meiner Vorstellungskraft.

Womöglich liegt mein Denkfehler ohnehin ganz woanders: Hobbys sucht man sich nicht. Sie finden einen. Ich habe es als Kind im gleichen Alter wie mein Sohn selbst erlebt.

Damals begleitete ich eine Freundin zum Schnuppertraining bei der Rhythmischen Sportgymnastik. Sie war ein graziles Ballettmädchen, ich nicht. Keine Mutter der Welt wäre auf die Idee gekommen, mich bei dieser Mischung aus Tanz und Artistik anzumelden. Zumal die

Trainingsmethoden mit viel Drill und Qual verbunden sind, was meine Mutter ihrer Tochter ersparen wollte. Ich bestand aber auf die Teilnahme am Training. Auch nachdem ich mitunter in einer Ecke der Turnhalle stundenlang unter Tränen üben musste, Keulen und Bänder in die Luft zu werfen, zeitgleich eine Drehung oder einen Purzelbaum zu absolvieren, um anschließend das Handgerät zu fangen, statt es auf den Boden oder den Kopf donnern zu lassen.

Obwohl ich diesen Sport nur sechs Jahre lang trainierte, bevor ich aufs Volleyballfeld wechselte, vermisse ich ihn bis heute. Was ich immer dann merke, wenn es mir zum Beispiel gelingt, eine vom Tisch kippende Kaffeetasse noch vor dem Aufprall aufzufangen. Meinen Sohn jedenfalls habe ich mit meinem seltenem Geschick, mühelos Dinge aus der Luft greifen zu können, schon ein paarmal beeindrucken können.

Statt für Fußball interessierte er sich für Ninjas. Seine »Paw Patrol«-Begeisterung wich in dieser Zeit der Ninjago-Faszination, einer Lego-Fernsehserie, in der fünf Ninjas in einer asiatisch anmutenden Fantasiewelt Abenteuer erleben.

Eine Kampfsportschule würde er gern mal besuchen, erwähnte er beiläufig. Überhaupt nicht meine Welt, aber genau deshalb vielleicht seine. Wir meldeten ihn schließlich nicht beim Capoeira, sondern in einer Mixed-Martial-Arts-Akademie an. Inzwischen, vier Jahre später, hat er zwar den blauen Gürtel. Aber leider keine Lust mehr, weiterzutrainieren.

Dafür interessiert er sich neuerdings für Mannschaftssport. Fußball lässt ihn trotz der Europameisterschaft im eigenen Land immer noch kalt. Basketball aber will er im neuen Schuljahr ausprobieren. Ich freue mich drauf.

ERZIEHUNGS-
FEHLER

Mensch ärgere dich nicht

Eine hohe Erwartungshaltung, Leistungsdruck oder gar Zwang wird in vielen Elternratgebern verteufelt. Kinder müssten lernen, sich aus sich selbst zu motivieren. Mir leuchtet das ein. Aber was ist von Erziehungsmethoden wie die des »Bean Dads« zu halten, der seine neunjährige Tochter mit einem Dosenöffner bewaffnete und das hungrige Mädchen an einer Bohnendose so lange herumhantieren ließ, bis das Ding endlich offen war. »I hate you«, sagte das Kind im Laufe des sechsstündigen Lernprozesses, was deshalb überliefert ist, weil es der Vater im Internet öffentlich machte. Nach erfolgreich vollbrachter Dosenöffnung aber sei die Tochter »zurecht stolz« auf sich gewesen.

»Bean Dad« lautet der Spitzname des amerikanischen Musikers John Roderick. Fünfzehn Tweets umfasste sein »parenting theater« genanntes Erziehungsdrama, das aus seiner Sicht mit einem Lerntriumph für die Tochter endete – Außenstehende nahmen es in den sozialen Netzwerken allerdings als grausame Kindesmisshandlung wahr und verhöhnten es mit allerhand Memes. »Bean Dad« löschte seine Dosenfutter-Erfolgsstory daraufhin. Mir aber ging sein Erziehungsansatz nicht mehr aus dem Kopf.

Klar: Ein Satz wie »Wenn du deine Hausaufgaben gemacht hast, koche ich dir Bohnen aus der Konserve« gilt heutzutage schon als schwarze Pädagogik. Und zwar nicht wegen der zweifelhaften Nahrungsmittelwahl, sondern weil der Satz strenggenommen ein Erpressungsversuch ist. Aber schadet man Kindern wirklich, wenn man sie hin und wieder zum Glück zwingt? Oder durch ein Tal der Tränen lotst, an dessen Ende die Sonne scheint?

Niemand hat Spaß am Misserfolg. Kinder erst recht nicht. Ich habe es ja schon ein paarmal erwähnt: Unser Kitakind-Junge rastete regelmäßig aus, wenn ihm etwas nicht auf Anhieb gelang. Es konnte vorkommen, dass er ein Blatt Papier vor Wut zerriss, weil ihm nach drei Strichen mit dem Wachsmalstift plötzlich klar wurde, kein elegantes Einhorn malen zu können.

Wenn ich ihm daraufhin eines zeichnete, waren alle wieder glücklich. Aber was hat der Junge dabei gelernt? Dass Erwachsene besser im Einhornzeichnen sind als Kinder. Und dass seine Mutter ziemlich gut darin ist, ihm Probleme aus dem Weg zu räumen. Aber sonst? Ich gebe und gab die Hilfestellung nicht unbedingt bewusst. Häufig ist es eher ein gedankenverlorenes Zuvorkommen, mit dem ich dem Sohn das Leben erleichtere.

Als unser Sohn einmal ein frisches Marmeladenglas

öffnen wollte, aber zu wenig Kraft in den Fingern hatte, rief er: »Mama, mach du.« Normalerweise hätte ich einfach gemacht. Da ich aber zu dieser Zeit die »Bean Dad Story« noch im Kopf hatte, stand ich auf und holte den Dosenöffner.

Nach zehn Sekunden Rumprobieren war das Kind auf 180, es schrie: »Ich kann das nicht. Ich bin verdammt blöd. Verflixt und zugenäht. Alles kannst du besser! Überhaupt gar nicht kann ich es.« Natürlich widersprach ich, legte die Hand beruhigend auf die Schulter des Jungen, erklärte ihm den Dosenöffner, aber vor lauter Wut schaffte er es bald gar nicht mehr, mir zuzuhören. Zwei Minuten später war das Marmeladenglas offen. Dank meiner Hilfe.

Ich half ihm nicht nur mit den Buntstiften und dem Marmeladenglas, sondern auch beim Zähneputzen oder Sockenanziehen. Regelmäßig kam es in dieser Zeit zu großen Dramen, Tränen und zum Teil auch Wutausbrüchen von meiner Seite rund ums Anziehen. Alles Bitten, Mahnen, Drohen half nix: Der Junge zog sich nur mithilfe meines Mannes oder mir an. Was alle Beteiligten wahnsinnig machen konnte. Besonders, wenn es morgens schnell gehen musste. Inzwischen ist der Junge neun Jahre alt. Das morgendliche Drama ums Anziehen hat sich abgeschwächt. Aber wir helfen ihm immer noch. Ich suche dem inzwischen Neunjährigen jeden Tag Unterhose, Hose, passenden Pulli und ein Paar Socken raus. Mein Mann zieht sie ihm auf dem Wohnzimmersofa an.

Eine befreundete Kinderpsychologin hat uns einmal erklärt, die Weigerung unseres Sohnes, sich schwierige Kleidungsstücke selbst anzuziehen, könne ein Wunsch nach Nähe sein. Wir sollten nicht so streng sein und das Kind ja nicht anschreien, weil es beim morgendlichen Anziehen rumtrödelt, rumjammert und nach Hilfe ruft. Kleinkinder, so die Psychologin, suchten beim Anziehen häufig Zuwendung und Körperkontakt, den sie aus der Zeit des Wickelns noch gewohnt seien.

Ich mochte das gern glauben. Die Erzieher im Kindergarten meines Sohnes aber sahen es anders: Sie fanden, dass der Junge eine auffallend schwache Frustrationstoleranz habe. Ihnen war es dabei herzlich egal, ob daran meine vorgezeichneten Einhörner schuld sind, ob wir dem Kind zu selten Dosenöffner in die Hand gedrückt hatten oder ob es sich um eine erbliche Charaktereigenschaft handelt. Sie machten sich Sorgen, dass der Junge mit der Einschulung im Jahr darauf überfordert sein könnte. Was wiederum uns als Eltern große Sorgen machte.

Unser Kind interessierte sich für Buchstaben, konnte als Kitakind schon rechnen, war einen Kopf größer als seine Kindergartenfreunde und – von seinen doch recht häufigen Verwandlungen in einen Zornigel abgesehen – ein hilfsbereiter, fantasievoller und netter Kerl. Nie wären wir auf die Idee gekommen, an seiner Schulreife zu zweifeln.

Bis uns der Kindergarten das Vier-Ebenen-Modell von Armin Krenz präsentierte. Demnach ist die wichtigste Schulfähigkeit die emotionale. Ein Kind müsse bei der Einschulung vor allem eines können: sich bei Ärger und Frust selbst regulieren. Lautes Schreien und Zettelzerreißen ist mit Selbstregulierung leider nicht gemeint. Das verstanden wir.

Aber ist es nicht ein Armutszeugnis fürs deutsche Bildungssystem, wenn Kinder darin nur bestehen, wenn sie Frust aushalten können? Andererseits ist es vermutlich richtig, dass der Mensch vor allem dann lernt, wenn er scheitert. Die Fähigkeit, verlieren zu können, ist eine fürs menschliche Zusammenleben nicht unwichtige Eigenschaft. Ungeschickterweise paart sich bei unserem Kind die geringe Frustrationsschwelle mit einem übergroßen Ehrgeiz. Als wir ihn vor Weihnachten einmal fragten, was er sich wünsche, antwortete der damals Fünfjährige: »Sehr viele Pokale.«

Man muss keine Kinderpsychologin sein, um darin den Wunsch nach Anerkennung rauszuhören. Aber ist es zielführend, ihn deswegen für jeden gelungenen Pinselstrich, für jede selbst angezogene Socke überschwänglich zu loben? Ich finde es sehr schwer, die richtige Mischung aus Lob, Motivation und Strenge zu treffen. Zumal ich als Kind selbst sehr ehrgeizig war – Frust aber nicht zu kennen schien: Meine Eltern erzählen jedenfalls häufig die Geschichte, wie ich mich als Neunjährige beim Gang auf die Tanzfläche bei einem Rhythmische-Sportgymnastik-Wettkampf im Seil verfing und wie ein gefällter Baum gänzlich ohne tänzerische Anmut vor die Kampfrichter fiel. Ich hätte einfach weitergeturnt und wäre danach der Überzeugung gewesen, gewonnen zu haben. Am Ende wurde ich Vorletzte. Was mich nicht davon abgehalten hat weiterzutrainieren. Mich hat Scheitern nicht frustriert, sondern eher motiviert. Deshalb hatte ich wohl auch Verständnis für die Erziehungsmethode des »Bean Dads«.

Den Dosenöffner gab ich unserem Jungen trotzdem nur einmal. Stattdessen probierten wir es mit Gesellschaftsspielen wie »Mensch ärgere Dich nicht«. Diesen Satz kann man sich, egal in welchem Alter und bei welcher Nachrichtenlage, schließlich nicht oft genug sagen.

Späte Entschuldigung

Plötzlich ist da diese Mail in meinem Posteingang, der Name der Absenderin kommt mir zunächst nicht bekannt vor. Fast hätte ich die Nachricht ungelesen gelöscht. Sie begraben zwischen Werbebotschaften und Pressemitteilungen.

Die Verfasserin der langen Mail schreibt mir »auch auf die Gefahr hin, dass du das nicht so toll findest«. Mit dem nächsten Satz wird mir schlagartig klar, wer sie ist: meine frühere Gymnastiklehrerin. Eine strenge Frau, mit der ich im Alter zwischen sechs und zwölf Jahren viele Stunden in Turnhallen verbracht habe. Sie sei »heute nicht sehr stolz auf meine Zeit mit der RSG, vieles war in diesem System sehr ungesund«. Sollte sie mir ein »Es tut mir leid« schulden, würde sie mir diese Worte gern zukommen lassen.

RSG steht für »Rhythmische Sportgymnastik«. Eine absurde Sportart, die ich – wie bereits erwähnt – als Kind zufällig entdeckt habe und bis heute faszinierend finde. Wer bei den artistischen Übungen mit Ball, Band,

Seil, Reifen oder Keulen erfolgreich sein will, braucht gummiartige Beweglichkeit, androgyne Schlankheit und akrobatisches Talent – alles Dinge, die mir nicht unbedingt in die Wiege gelegt wurden. Das bedeutete: tägliches Training, Dehnübungen unter Schmerzen, endlose Wiederholungen, Druck, Drill, Drohungen, Befehle. Mehr als dreißig Jahre sind seitdem vergangen. Eine Entschuldigung nach so langer Zeit habe ich nicht erwartet. Erst bin ich überrascht, dann ratlos, dann gerührt.

Warum genau, kann ich nicht sagen. Brechen alte Wunden auf? Aber dazu müsste ich mich doch an Verletzungen erinnern. Ja, ich kam damals häufig weinend nach Hause. Unzählige Male wollte mich meine Mutter vom Training abmelden, mir eine Mannschaftssportart schmackhaft machen, was ihr später auch gelang. Die Rhythmische Sportgymnastik aber machte mir trotz der Quälerei lange Spaß. Vielleicht sogar deswegen. Ich merkte, dass ich besser wurde. Dass ich plötzlich Dinge konnte, die Mitschülerinnen staunen ließen.

Schuldet mir meine Trainerin eine Entschuldigung? Eigentlich habe ich sie als eine Art frühes Vorbild in meiner Erinnerung verankert. Eine Frau voll Anmut, Autorität und Kreativität, vielleicht zwölf Jahre älter als ich. Ihr Gymnastikband hatte sie selbst gefärbt. Es war lila-blau gestreift, durchsetzt mit weißen Punkten. Sie schenkte es mir eines Tages. Ich habe es noch heute.

Manchmal, im Sommer, turne ich meinem Sohn im Garten damit etwas vor. Es stehen dann viele Kinder aus der Nachbarschaft am Zaun und lachen. Ich profitiere außerdem im heutigen Berufsalltag von einer gewissen Furchtlosigkeit, Leidensfähigkeit und Diszipliniertheit, die ich mir womöglich durch das harte Training in der Kindheit angewöhnt habe. Wer als Mädchen allein auf einer großen Tanzfläche akrobatische Übungen vor einer Riege streng blickender Kampfrichter aufführen muss – möglichst lächelnd trotz mittelmäßigen Talents – den stresst die Aufnahmeprüfung an einer Journalistenschule nicht übermäßig.

Nie wäre ich ohne die Mail meiner Trainerin auf die Idee kommen, die Gymnastik-Quälerei von damals habe mir geschadet. Aber ob das die Mädchen genauso sehen, die damals mit mir trainiert haben? Haben sie vielleicht seelische Verletzungen davongetragen? Möglich wäre es. Auch sie weinten manchmal während des Trainings. Marion, Doro, Anja, Nina und Nike, die ich damals so wie Mandy um ihre außergewöhnlichen Vornamen sehr beneidet habe. Wie es ihnen wohl heute geht?

Keine Kindheit ist perfekt. Jeder, der Kinder erzieht oder unterrichtet, macht früher oder später Fehler. Ist womöglich nicht verständnisvoll genug, arbeitet mit Drohungen oder – im Gegenteil – mit zu viel Verhätschelung. Schwer zu sagen, welche dieser Fehler Kinder als solche wahrnehmen.

Der Druck, den ich als Kind eher motivierend statt bevormundend empfunden habe, ist etwas, mit dem mein

Sohn ganz anders umgeht als ich damals. Neulich war ich bei der Kontrolle der Deutsch-Hausaufgaben sehr streng mit ihm, denn sein Aufsatz war voller Schreibfehler. »Du übst das jetzt so lange, bis es sitzt«, mahnte ich und klang vermutlich ähnlich wie meine Trainerin damals. Erst tobte mein Sohn vor Wut, dann brach er in Tränen aus. Er fühle sich »wie der letzte Depp«, wenn ich so mit ihm spreche, klagte er. Es brach mir fast das Herz, ihn so leiden zu sehen. Vermutlich sollte ich die Dinge, die ihm gut gelingen, mehr loben, statt Fehler, die er macht, derart hart zu korrigieren.

Erziehe ich meinen Sohn mit zu viel Strenge? Das frage ich mich oft. Er geht inzwischen in die dritte Klasse einer bayerischen Grundschule. Man merkt, wie das Aussieben der leistungsschwachen Kinder langsam beginnt. Unser Junge gehört nicht zu denen, die sich langweiligen Lernstoff selbst beibringen oder alles Neue mühelos aufnehmen und abspeichern. Eigentlich müssten mein Mann und ich jeden Nachmittag mit ihm zusammen Hausaufgaben machen, mit ihm Lesen und Schreiben üben, Tannen von Fichten unterscheiden lernen.

Wenn ich dabei streng bleibe, wird mir mein Sohn dann diese Härte danken oder verflucht er mich in dreißig Jahren? Leidet er womöglich unter einer Art schwarzen Pädagogik, die ich als Gymnastikschülerin erfahren habe und jetzt wie selbstverständlich an ihn weitergebe? Vielleicht schuldet meine Trainerin nicht mir eine Entschuldigung, sondern meinem Sohn?

Meine Trainerin schrieb in ihrer Mail auch, sie habe lange gebraucht, um auf ihr Bauchgefühl zu hören. Sie habe mich und die anderen Mädchen damals buchstäblich verbiegen wollen. Heute gehe es ihr darum, »mehr Sanftmut in die Welt bringen«. Auch sie hat einen Sohn. »Kinder wollen von ihren Eltern geliebt werden«, hat sie festgestellt. »Leider knüpfen wir Erwachsenen oft Bedingungen an diese Liebe.« Dabei sei es wunderbar, zu sehen, wie sich Menschen und Dinge entwickeln, wenn sie gut genährt aus sich selbst heraus wachsen können.

Zähne zusammenbeißen! Noch mal probieren! Nicht aufgeben! Das sind Tugenden, die nützlich sein können und die man in Leistungssportarten wie der Rhythmischen Sportgymnastik lernt. Mit dem Wissen von heute wäre es aber vielleicht besser gewesen, meine Trainerin hätte mir damals gesagt: »Such dir einen Sport, der besser zu dir passt.« Viel später habe ich das auch gemacht, als ich den Spaß am Volleyball entdeckte.

Im »Buch, von dem du wünschst, deine Eltern hätten es gelesen«, ein Bestseller der Psychotherapeutin Philippa Perry, heißt es, dass Kinder von einer Eigenschaft besonders profitierten, die ihnen Erwachsene vorleben sollten: Neben Selbstbeherrschung und Flexibilität sei das vor allem die Empathie. Dass meine Trainerin trotz ihrer Strenge zu Empathie fähig war, zeigen ihre Worte dreißig Jahre später. Vielleicht habe ich die Zeit mit ihr deshalb in guter Erinnerung. Ich habe mich ausführlich für ihre Mail bedankt. »Mach dir keine Sorgen«, schrieb ich: »Ich bin froh, dich damals als Trainerin gehabt zu haben. Mein Leben hast du bereichert.«

Sie hätte sich nicht entschuldigen müssen. Aber ich freue mich, dass sie es trotzdem getan hat.

Die deutsche Liebe zur roten Ampel

Eines Tages, an einem Dienstag im Mai vor vier Jahren, trat ich vor unsere Haustüre. Ein grünes Schild blockierte die Sicht Richtung Sandkasten. »Privatspielplatz« stand darauf.

Seit rund zwei Jahren wohnten wir zu diesem Zeitpunkt in der Neubausiedlung am westlichen Stadtrand von München. Reihenhäuser mit Flachdach im praktischen Schuhschachtel-Design stehen neben dreigeschossigen Wohnblocks. Dazwischen gibt es Grünflächen, Feuerwehrzufahrten, einen Marktplatz, geschotterte Wege und vor jedem Hauseingang einen kleinen Spielplatz. Mal eine Schaukel, mal eine hüfthohe Kletterwand für Babys in Form einer Giraffe, mal einen Sandkasten mit Spieltisch in der Mitte. So wie vor unserer Wohneinheit.

Über die durchgestrichenen Piktogramme auf dem »Privatspielplatz«-Schild hätte ich noch lachen können: Alkoholtrinken vor Kindern war ab sofort offenbar verboten, Haustiere, Fahrradfahren und Fußballspielen im

Sand auch, auf lautes Musikhören sollte man draußen besser verzichten. Und die Kinder sollten bitte Helm und Schlüsselbund abnehmen, bevor sie sich artig dem Sandburgenbau widmen.

Dass aber, wie das Schild vor meiner Türe unmissverständlich klarmachte, nur Kinder der ungerade nummerierten Wohnblocks im Sandkasten vor unserem Küchenfenster spielen dürfen, dafür unser Sohn die Schaukel auf dem Privatspielplatz fünf Häuserecken weiter exklusiv nutzen darf – das machte mich wütend. Und fassungslos. Was sollte das?

Wir Deutschen lieben strenge Regeln, klare Hierarchien und bleiben als einzige Nation vor roten Ampeln grundsätzlich stehen – egal, ob gerade ein Auto kommt oder nicht. Bisher konnte ich gut damit leben. Zumal es die Welt für unseren Jungen womöglich etwas sicherer machte. Jetzt aber reichte es mir und meinem Mann. Er bekam einen Tobsuchtsanfall und kündigte an, umgehend nach Amerika auszuwandern. Man muss vielleicht dazu sagen, dass dieses grüne Schild während der Coronapandemie am Sandkastenrand errichtet wurde, also zu einer Zeit, wo das elterliche Nervengerüst täglich vor dem Zusammenbruch stand.

Unser Sohn verstand, wenig überraschend, die Welt nicht mehr. Wie auch soll man einem Sechsjährigen Änderungen im deutschen Wohnungseigentümergesetz (WEG) erklären? Selbst ich verstand die Erklärung der Hausverwaltung, die ich in meiner Not anrief, nur bedingt. Irgendwas mit Haftung, Versicherung und

Rechtssicherheitsdingsbums macht es offenbar zwingend notwendig, von nun an diese Regeln zur Spielplatznutzung aufzustellen.

Der einzige Moment purer Anarchie, den man sich hierzulande leistet, ist die Öffnung einer neuen Kasse im Supermarkt. Menschen mit den dicksten Einkaufswagen schießen dann wie Kanonenkugeln von ganz hinten nach ganz vorn. Reihenfolgen sind plötzlich egal. Auch ich blieb bis dahin vor jeder roten Ampel stehen in der Hoffnung, dem Sohn ein gutes Vorbild zu sein. Seit dem Schilderwahnsinn mitten im Pandemie-Ausnahmezustand sehe ich es lockerer.

Klar, an einer viel befahrenen Straße hat man gar keine andere Wahl, als auf das grüne Signal zu warten, das einem den Weg Richtung »Café Herzl« freigibt. Das von einer aus Vietnam stammenden Münchnerin geführte Café, in dem man zum köstlichen Apfelstrudel am besten noch die sehr guten Frühlingsrollen bestellt, liegt im geographischen Zentrum unseres Wohnviertels. Eine Raiffeisenbank, ein Hotel, ein Kriegerdenkmal, ein Schuhladen und eine Ballettschule befinden sich ebenfalls dort – nur leider auch eine Kreuzung, die den Verkehr aus fünf Richtungen mithilfe mehrerer Ampeln zu regeln versucht.

Heutzutage würde man im Dorfzentrum einen Marktplatz pflastern, Bäume oder Beete pflanzen, mit Bänken, Tischchen und einem kleinen Brunnen Inseln der Begegnung schaffen oder eine Fußgängerzone einrichten.

Nach dem Krieg aber, als unser dörflich geprägtes Wohnviertel am Stadtrand von München eingemeindet wurde, wollte man wohl modern wirken, indem man aus allen Himmelsrichtungen Straßen ins Dorfzentrum betonierte, die sich an dieser einer einzigen riesigen Kreuzung in der Mitte treffen. Damals waren die Autos auch noch kleiner, bunter und womöglich nicht so schnell. Heutzutage fährt die Hälfte unserer Nachbarschaft einen SUV, wenn nicht sogar zwei. Mit dem einen fährt Papa zur Arbeit. Mit dem anderen bringt Mama die Kinder zur Schule.

Es kann also in der Tat lebensgefährlich sein, als Kind eine Straße am Stadtrand von München zu überqueren. Es ist hilfreich, auf das Signal einer Ampelanlage zu achten. Es ist aber auch wichtig, eine Gefahrensituation richtig einschätzen zu können. Deshalb erlaube ich dem Jungen inzwischen, Straßen an Stellen zu überqueren, wo es weder Ampeln noch Zebrastreifen und trotzdem viel Verkehr gibt. Er soll stehen bleiben, genau schauen und, wenn die Straße frei ist oder ein Auto noch weit weg ist, drüber gehen.

Aber darf er auch über rote Ampel gehen, rollern oder radeln, wenn kein Auto weit und breit zu sehen ist? Es wäre konsequent zu sagen: Ja, das darf er! Sein Vater macht es ständig. Er nennt es einen Akt des Ungehorsams, einen Triumph des freien Willens, einen Protest gegen die typisch deutsche Regelungswut und Bürokratiegläubigkeit. Bevor er nach Amerika auswandert und seine Familie womöglich in München zurücklässt, soll er lieber inneren Frieden kombiniert mit einer Prise Nervenkitzel erleben, indem er wagemutig über rote Ampeln schreitet.

Aber ist er damit ein gutes Vorbild für den Jungen? Ich zucke innerlich doch jedes Mal zusammen, wenn Vater, Sohn und ich gemeinsam rote Ampeln ignorieren. Ob es mein mütterlicher Beschützerinstinkt oder meine typisch deutsche Sozialisation ist, die mich dazu bringt, Ampelsignale stoisch zu befolgen, weiß ich nicht. Manchmal, wenn ich allein unterwegs bin, bleibe ich nachts, auch wenn weit und breit wirklich kein einziges Scheinwerferlicht eines Fahrzeugs zu sehen ist, an einem roten Ampelsignal einfach stehen. Und fühle mich einen kurzen Moment lang mit dem, was ich tue, sehr sicher.

Hat mein Beschützerinstinkt versagt?

Die größten Gefahren lauern häufig dort, wo Kinder sie nicht erwarten – und Eltern sie leicht übersehen. Am Schlittenhang im Englischen Garten von München zum Beispiel. Der dortige Weihnachtsmarkt am Chinesischen Turm ist in der Adventszeit ein Winteridyll wie aus dem Bilderbuch. Eines Nachts hatte es einen halben Meter Neuschnee hingelegt, die Sonne schien, überall funkelte und glitzerte es wie in der kitschigsten Kulisse eines Disney-Films.

Mein Mann und ich hatten gerade den ersten Glühwein des Jahres getrunken. Dazu gab es Rahmfleckerl, heiße Maroni und eine rote Wurst in der Semmel. Im Nachhinein frage ich mich, ob ich der heilen Welt mehr hätte misstrauen müssen? Während mein Mann in der Schlange am Schmalznudelstand stand, erklomm ich mit unserem Sohn den nahegelegenen Rodelberg. Der Hang war so steil, dass wir die letzten Meter auf allen vieren zurücklegen mussten. Kaum war er oben, rutschte der Achtjährige auf seinem Mini-Bob hinab. Aus der Ferne sah es lustig aus, wie er ganz unten mit vollem Karacho über eine Bodenwelle schanzte.

Dass etwas nicht stimmte, bemerkte ich an den Eltern, die am Ende des Rodelhangs auf ihre Kinder warteten, sich nun aber langsam auf meinen Sohn zubewegten. Er stand wie versteinert neben seinem Bob. Weinte er? Warum diese Regungslosigkeit? Ich wurde panisch. Auf dem Hosenboden rutschte ich hinterher. Schon von Weitem bemerkte ich, dass mit dem Auge des Jungen etwas nicht stimmte. Sein Oberlid hatte die Form eines Tischtennisballs angenommen. Er blutete. Hatte er sich beim Aufprall nach dem kleinen Sprung am Ende der Rodelpiste mit dem Griff des Bobs das Auge ausgeschlagen?

Zum Glück beruhigte uns ein Vater, der eine ähnliche Verletzung beim Basketball erlitten und heil überstanden hatte. Zum Glück hatte mein Mann schnell die Nummer des Rettungsdienstes parat. Zum Glück stellte sich in der Notaufnahme heraus, dass das Auge unseres Jungen wohl nicht verletzt und eine Gehirnerschütterung unwahrscheinlich sei. Was vorerst bleibt, ist ein sehr blaues Auge. Und die Erschütterung meines mütterlichen Urvertrauens. Meine naive Hoffnung darauf, dass am Ende des Abenteuers Elternschaft schon alles irgendwie gut gehen wird, ist dahin.

Die vermutlich größte Angst von Eltern ist die ums eigene Kind. Es kostet Überwindung, das Baby zum ersten Mal im Zimmer nebenan schlafen zu lassen.

Was, wenn es in der Nacht aufhört zu atmen? Mit jedem neuen Lebensjahr kommen neue Bedrohlichkeiten hinzu. Derzeit ist der fast 30-minütige Schulweg in der morgendlichen Dunkelheit entlang von viel befahrenen Münchner Vorortstraßen eine Art Endgegner. Für meinen Mann und mich. Nicht für unseren Sohn. Er ist sich der vielen Gefahren, die das Leben mit sich bringt, noch nicht wirklich bewusst, und das ist ja auch gut so. Wir wollen schließlich, dass er mit Freude, Selbstbewusstsein und Zuversicht groß wird. Und nicht mit Angst, Zaghaftigkeit und Zweifeln.

Wir sagen ihm natürlich, dass er nicht zwischen zwei parkenden SUVs auf eine Straße treten darf. Wir haben gemeinsam geübt, wie man über einen Bordstein rollert. Ich begleite den Jungen jeden Morgen ans Ende unserer Wohnsiedlung an die Stelle, wo er ohne Zebrastreifen, Ampel oder Schulweghelfer eine Lücke im Berufsverkehr finden muss, um die Fahrbahn zu überqueren. Ab da, wenn der Junge den Rest des Schulwegs allein läuft, übernahm bislang mein Urvertrauen die Kontrolle.

Man wird doch verrückt, dachte ich lange, wenn man sich nicht irgendwann frei macht von ständiger Sorge. Kinder müssen eigene Erfahrungen sammeln. Ich war überzeugt: Man darf ihnen nicht alles verbieten. Die ständige Mahnung zur Vorsicht bewirkt womöglich das Gegenteil. Vor allem Jungs nehmen Gefahren nur dann ernst, wenn sie sie am eigenen Körper erfahren. Aus Schaden wird man klug. So einen Satz finde ich eigentlich richtig.

Und dennoch mache ich mir seit diesem Winterwochenende Vorwürfe. Warum habe ich den Unfall nicht kommen sehen? Ich hätte vorschlagen können, an einer weniger steilen Stelle die erste Fahrt ins Tal zu wagen. Habe ich mich vom kindlichen Übermut unseres Achtjährigen zu sehr mitreißen lassen? Warum trug der Junge eigentlich keinen Helm?

Vermutlich ist es kein Zufall, dass sich unser Kind unter meiner Aufsicht ein blaues Auge zugezogen hat und nicht unter der meines Mannes. Seine zur Übervorsicht neigenden Einstellung »Es kann immer was passieren« unterscheidet sich fundamental von meiner zur Sorglosigkeit neigenden Annahme »Es wird schon nichts passieren«. Er ist von Natur aus der vorsichtige Typ, wittert Gefahren von Weitem und kann sich stundenlang Gedanken über die richtige Kleidung an kalten oder warmen Tagen machen. Wenn unser Sohn im Winter barfuß durch die Wohnung läuft, wittert mein Mann trotz Fußbodenheizung Erkältungsgefahr. Ich rolle mit den Augen.

Neulich war mein Mann überzeugt, in einer kleinen Wunde am Finger unseres Sohnes einen Spreißel entdeckt zu haben. Ich sah nix. Am nächsten Tag – da waren wir uns einig – war das kleine Holzstückchen nicht mehr zu sehen. Ich freute mich über die Spontanheilung. Mein Mann war der Meinung, Haut sei über den Spreißel gewachsen und eine Entzündung stehe unmittelbar bevor.

Damals behielt ich recht. Seit dem Unfall beim Schlittenfahren bin ich allerdings nicht mehr stolz auf meinen Hang zum positiven Denken. Was, wenn zu viel Glauben ans Gute verantwortungslos ist? Das blaue Auge unseres Jungen sah jeden Tag schauerlicher aus. Bald konnte er das geschwollene Lid wieder einen Spalt öffnen, und in der Schule war seine für alle sichtbare Verletzung Pausenhofthema Nummer eins. Er war stolz darauf, sogar vom Hausmeister auf sein Veilchen angesprochen worden zu sein.

Seit seinem Unfall ist unser Junge aber auch besonders anhänglich. Allerdings vor allem seinem Vater gegenüber. Nur neben ihm wollte er einschlafen. »Der Papa soll kommen«, sagte er kurz nach dem Unfall, nachdem ich ihm am Abend wie immer drei Einschlaflieder vorgesungen hatte. »Ich mag dich immer noch«, beschwichtigte er, »aber ich brauche jetzt den Papa.«

Offenbar habe ich als Beschützerin versagt. In Zeiten der Not als Mutter nicht gebraucht zu werden, ist hart. Aber ein Skihelm ist härter – so zumindest lautet meine verbliebene Hoffnung. Ich habe ihm inzwischen einen gekauft. Und einen neuen Fahrradhelm für den Sommer gleich mit dazu.

Sorgen einer Jungsmutter

Alles wird gut! Wie oft schon ging mir diese Mischung aus Durchhalteparole und selbsterfüllender Prophezeiung seit der Geburt unseres Sohnes durch den Kopf. Zum Beispiel, als der Sechsjährige vom höchsten Punkt des Klettergerüsts in den Sand sprang, statt die Rutsche zu nehmen. Oder als er im Sommer mit Bambusstöcken das Blumenbeet im Garten kurz und klein haute, weil er wie ein Ninja gegen imaginäre Mohnmonster kämpfen wollte.

Wenn er mit seinem zwei Jahre älteren Freund auf dem Fahrrad durchs Viertel brettern möchte, rufe ich: »Zieh deinen Helm auf!« Bevor ich zum stillen Stoßgebet ansetze. Bisher hat es immer gewirkt. Zwei harmlose Krankenhausaufenthalte, null Knochenbrüche, dafür unzählige Schürfwunden und ein blaues Auge sind eine gute Bilanz für einen lebhaften Bub in einer abenteuerlich viel mit SUVs motorisierten Großstadt wie München.

Was passiert, wenn es mal nicht gut geht, zeigt der Film »Mein Sohn« von Regisseurin Lena Stahl, der vor rund zwei Jahren in den Kinos lief und mich stark beschäftigt hat. In einer der ersten Szenen sieht man Jason (gespielt von Felix Dassler), zwanzig Jahre alt, wie er sich nach einer durchzechten Clubnacht auf dem Skateboard durch Berlin treiben lässt. Er hält sich hinten an einem Lieferwagen fest, nimmt ziemlich Tempo auf, schaut glücklich in die strahlende Sonne am Himmel, heißt: nicht auf die Straße.

Was dann passiert, kann ich nicht sagen, weil ich mir wie bei einem Horrorfilm die Hände vor die Augen gehalten habe. Jedenfalls sieht man in der nächsten Szene Anke Engelke, die Jonas Mutter spielt, durch Krankenhausflure Richtung Notaufnahme eilen. In ihrem Gesicht stehen viele Sorgen, aber auch die typische »Ich habs doch immer schon gewusst!«-Verzweiflung einer Frau, die die Sorglosigkeit ihres Sohnes wütend macht. Das Erste, was sie den behandelnden Arzt fragt, nachdem der ihr die lebensbedrohlichen Schwellungen und Brüche in Jasons Körper aufgezählt hat, ist: »Hatte er Drogen im Blut?«

Ich weiß es noch genau: Die Offenbarung meines Frauenarztes vor rund zehn Jahren, einen Sohn zu bekommen, hat mich damals nicht in Freudentränen ausbrechen lassen. Vielleicht lag es daran, dass ich mit einer jüngeren Schwester aufgewachsen bin. Die Welt der Jungs, die mir in meiner eigenen Kindheit schon lauter, schürfwundenreicher und matschiger vorkam als die tendenziell heilere Welt der Mädchen, war mir suspekt. Was es bedeutet, Jungsmutter zu sein, konnte ich mir nicht vorstellen.

Eine Freundin, auch Mutter eines Sohnes, brachte neulich bei einem Feierabendbier die Vorbehalte gegenüber Jungs recht gut auf den Punkt: »Immer machen sie Arbeit, und am Ende, wenn wir alt und pflegebedürftig sind, kümmern sie sich nicht um einen.« Mädels seien Selbstläufer, »Jungs lassen dich rennen«, klagte sie. Es gehe schon damit los, dass sie nicht stillsitzen können. Jungsmütter, so ihr Befund, müssten bei der Erziehung eine doppelte Herausforderung bestehen: Sie dürften sich nicht stressen lassen, aber auch kein verwöhntes Monster heranwachsen lassen. Ihr Wutausbruch endete mit der Feststellung: »Für so viele Probleme der Welt sind Männer verantwortlich. Wer hat die eigentlich erzogen?«

Ich musste laut lachen, sie dann auch. Natürlich würden weder sie noch ich unseren männlichen Nachwuchs gegen eine vermeintliche Selbstläufer-Tochter eintauschen wollen. Aber, was mir schon manchmal zu schaffen macht, ist die Tatsache, dass es trotz aller Liebe eine natürliche Grenze zwischen dem Universum meines Jungen und meiner Welt zu geben scheint. Ganz banal geht es damit los, dass ich mich weder als Mädchen noch als Mutter fürs Bauen und Spielen mit Legosteinen begeistern konnte und kann. Erst recht nicht für Rollenspiele, in denen ständig gegeneinander gekämpft werden muss. Explosionen, Abenteuer, Krach – und seien es Pupsgeräusche – findet mein Sohn faszinierend und lustig, während ich insgeheim mit den Augen rolle. Klar, die unterschiedliche Wahrnehmung erklärt sich durch den Altersunterschied. Aber vielleicht auch durch den anderen Charakter oder eben schlicht das andere Geschlecht.

Je älter er wird, desto besser lerne ich meinen Sohn kennen. Mit jeder neuen Stufe seiner Eigenständigkeit wird er mir aber auch fremder. Das ist sicher vollkommen normal und gut und auch irgendwie aufregend. Nur was, wenn ich in noch mal neun Jahren mehr in genau der gleichen Lage bin wie die Mutter im Film »Mein Sohn«? Stolz und Staunen über den Lebensweg des Nachwuchses ist in ihrem Fall einem vorwurfsvollen Unverständnis gewichen. Jason will Profi-Skateboarder werden, geht Verbindlichkeiten aus dem Weg aus der Überzeugung heraus, dass nichts im Leben von Dauer ist, auch nicht die Liebe.

»Du bist dem Tod von der Schippe gesprungen«, mahnt die Mutter nach seinem Unfall. »Das Leben ist wertvoll, kapier das doch endlich.« Der Sohn entgegnet: »Ja, ich lebe.« Unfälle gehörten zum Leben dazu, das sei normal, er habe eben einen »sturen Schutzengel«. Natürlich spricht da jugendlicher Übermut aus dem Zwanzigjährigen, vielleicht aber auch ein ganz anderer Blick aufs Leben. Jason wirft seiner Mutter im Laufe der gemeinsamen Reise Richtung Rehaklinik vor, unzufrieden zu sein und mutlos. Einmal will er wissen: »Warum bist du so unglücklich?« Dass sie unglücklich wirkt, vielleicht sogar ist, wird ihr in diesem Moment erst klar.

Wenn es etwas gibt, was Kinobesucher wie ich als Botschaft des Films mitnehmen können, dann ist es zum einen die Einsicht, dass Reisen hilft, Entfernungen zu überwinden. Und dass die große Kunst bei einer liebevollen Erziehung von Kindern vermutlich das Loslassen ist. Egal, ob es sich um Töchter oder Söhne handelt. Der Film beginnt mit einem Zitat von Rainer Maria Rilke: »Wir haben, wo wir uns lieben, ja nur dies: einander lassen; denn dass wir uns halten, das fällt uns leicht und ist nicht erst zu erlernen.«

Zu den Waffen!

Als unser Sohn seit etwa zwei Jahren die Einhornmütze nicht mehr getragen hatte, bot er an, den Krieg in der Ukraine zu beenden. Er könne sich als Ninja verkleiden und unbemerkt in den Kreml vordringen, schlug er vor. Dort würde er sich von hinten an Wladimir Putin heranschleichen. Er stockte. Es folgte eine blitzartige Armbewegung, die an einen Kinnhaken oder Dolchstoß erinnerte. Sein Vorhaben mag dem »Auge um Auge, Zahn um Zahn«-Grundsatz des Alten Testaments entsprechen und womöglich dem Drehbuch vieler Verteidigungsexperten folgen, die auf einen »regime change« in Moskau hoffen. Ich habe sein Angebot dennoch abgelehnt. Die Tötung von Menschen ist in meinen Augen nur als Notwehr akzeptabel. »Mit Gewalt löst man keine Konflikte«, sagte ich streng. Insgeheim aber zweifelte ich: Stimmt das überhaupt?

Viele Menschen erreichen ihre Ziele mitunter mit Gewalt. Zum Beispiel verpasste Will Smith dem Moderator der Oscarverleihung 2024, Chris Rock, eine Ohrfeige, nachdem dieser einen grenzwertigen Witz über die Frisur von Smiths Frau gemacht hatte. War sein aggressiver Ausraster folglich Notwehr? Den Oscar als bester Hauptdarsteller bekam er ein paar Momente später trotzdem. Dazu noch tonnenweise Aufmerksamkeit – später leitete der Vorstand der Oscar-Academy immerhin ein Disziplinarverfahren ein. Welche Schauspielerin den Oscar für die beste weibliche Hauptrolle erhalten hat? Schon wieder vergessen (dabei war es die fantastische Emma Stone, wie eine nachträgliche Recherche ergeben hat). Sie trug bestimmt ein schönes Kleid. So wie unser Sohn, als er zu Fasching als Prinzessin Elsa verkleidet in den Kindergarten gegangen ist.

Meinem zivildienstgestählten Mann und mir geht die Faszination für alles Kämpferische ab. Als unser Sohn seinem Vater neulich stolz den Panzer zeigte, den er im Sandkasten geformt hatte, fiel es meinem Mann sehr schwer, das kunstvolle Bauwerk zu würdigen.

Dabei sei der Mensch von Natur aus aggressiv, glaubt der Neuropsychologe Thomas Elbert. »Wir sind biologisch darauf vorbereitet, dass Gewaltausübung Spaß macht«, sagte er der »taz«, die 2016 die Frage aufwarf, ob sich Gewalt abschaffen lasse. Zum Beispiel mit der entsprechenden Erziehung. Unsere Vorfahren hätten ohne eine Art angeborene Lust am Töten die großen Strapazen der Jagd nicht überstanden, glaubt Elbert. Untersuchungen steinzeitlicher Kulturen zeigten außerdem, dass die Hälfte aller Männer erschlagen worden sei. Ist es vor diesem Hintergrund überhaupt sinnvoll, dem eigenen Sohn gewaltlose Kommunikation schmackhaft zu machen? Irgendwie sollte er sich doch zumindest verteidigen können, wenn ihm jemand den Kopf einschlagen will oder Putins Armee vor der Türe steht.

Beim Mixed-Martial-Arts-Kurs, den der Junge lieber als den Fußballplatz besuchte, ging es erfreulicherweise sehr viel um Respekt, Selbstachtung und gegenseitige Rücksichtnahme. Dass man Senioren im vollen Bus seinen Sitzplatz anbietet, hat der Junge dort von seinem Trainer Michael gelernt. Der glaubt daran, dass jeder Mensch die Welt zum Guten verändern kann, dass Kampfkunstunterricht positive Energien weckt und Selbstverteidigungstechniken zu mehr Selbstsicherheit und damit zu mehr Selbstvertrauen führen.

Dennoch stört mich als Mutter – egal, ob im Kampfsportstudio oder in so vielen Kinderserien – die Banalisierung von Brutalität. Mir graut schon jetzt vor dem Moment, da er mich bittet, ihm ein Ballerspiel auf dem iPad freizuschalten. Solange ich ihm Dinge vorschreiben kann, werde ich versuchen zu verhindern, dass in meinem Haus auf Menschen geschossen wird – selbst wenn es sich dabei um digitale Soldaten, gefangen auf Festplatten in Spielekonsolen, handelt.

Vielleicht ist es naiv zu glauben, man könne Krieg oder Amokläufe verhindern, indem man Ego-Shooter oder Spielzeugwaffen verbietet. Umgekehrt braucht man aber auch nicht auf Weltfrieden zu hoffen, solange man die kindliche Faszination für Gewalt und Sandpanzer pädagogisch einfach laufen lässt. Ist es in Zeiten wie diesen nicht unsere Aufgabe als Eltern, Kindern klarzumachen, dass Gewalt kein Spiel ist, sondern schreckliche Konsequenzen hat?

Eine befreundete Mutter erzählte mir vor Kurzem, auf dem Elternabend in der Kita ihrer Tochter habe man darüber diskutiert, den Kindern zu untersagen, Stöcke wie Schießgewehre auf andere zu richten. Die Geflüchteten aus der Ukraine fänden solche Spiele womöglich nicht lustig. Eine der Erzieherinnen bemerkte daraufhin beschwichtigend, dass Jungs mit ihren Stockkämpfen nur zeigen wollten, wie stark sie seien. In echt wollten sie gar niemanden töten. Na, so ein Glück! Soll ich mir jetzt keine Sorgen machen, nur weil mein Sohn womöglich gar nicht wirklich mit geballter Faust in der Tasche ein Flugzeug Richtung Kreml besteigen würde?

Davon abgesehen wird in echt leider jeden dritten Tag eine Frau durch ihren Partner oder Ex-Partner getötet. In echt sind inzwischen rund sechs Millionen Menschen aus der Ukraine in europäische Länder geflüchtet. Und das alles, weil es sehr viele Männer gibt, die ihre Aggressionen nicht im Griff haben.

Nie würde ich behaupten wollen, dass Frauen oder Mädchen die besseren Menschen sind. Sie nutzen nur häufiger ihren Kopf als ihre Fäuste, um Gewalt auszuüben. Ob das die Welt zu einem insgesamt friedlicheren Ort macht, wissen wir erst, wenn in Ländern wie

Russland, China, Nordkorea, Saudi-Arabien, Iran oder Syrien überall Frauen an der Macht sind.

Jugendgewalt in Deutschland ist jedenfalls vor allem Jungsgewalt. Natürlich habe ich Angst, dass unser Junge eines Tages nicht mehr nur spielerisch zuhaut, wenn er zeigen will, wer der Stärkste in seiner Teenagerclique ist. Natürlich versuche ich, dem Kleinen mit Vorlesen und gemeinsamem Geschichtenmalen beizubringen, dass sich Konflikte womöglich auch mit Buchstaben und Bildern statt mit Schwert und Schulterwurf spannend darstellen und sogar lösen lassen. Ob das was bringt?

Ich überlege noch, wie ich dem Jungen so faszinierende Erfindungen wie das Völkerrecht oder den Internationalen Strafgerichtshof pädagogisch wertvoll näherbringen kann. Gestern haben wir ein Gefängnis für Putin gemalt. Es hat, so die Fantasie des Kindes, knallrote Laserstrahlen als Gitterstäbe. »Jemand muss Putin k. o. schlagen, damit er ohnmächtig ins Gefängnis getragen werden kann«, sagte der Siebenjährige. Immerhin: Selbst zuschlagen will er nicht mehr.

KLASSEN-
GESELLSCHAFT

Wie wir Grundschülern versehentlich das Mobben beibrachten

Die Wege in einer Stadt wie München können sehr weit sein. Zu seiner Grundschule ist unser Sohn zu Fuß 25 Minuten unterwegs. Dreimal muss er dabei viel befahrene Straßen queren, ohne dass es an der entsprechenden Stelle eine Ampel, einen Zebrastreifen oder – mein Mann sollte kurz weglesen – Schulweghelfer:innen gäbe. Morgens ist es in manchen Monaten noch düster und dunkel, wenn der Junge zur Schule aufbricht. Außerdem ist er müde und hat einen schweren Ranzen auf dem Rücken. Darauf verlassen, dass er das Straßequeren dank unserer Freestyle-Erziehung im Umgang mit roten Ampelzeichen fehlerfrei umsetzt, wollen wir uns nicht.

Das Schöne an dieser herausfordernden Lage, die die Einschulung vor rund drei Jahren mit sich brachte: Wir waren nicht die einzigen Eltern, die sie von nun an jede Woche bewältigen mussten. Gemeinsam mit sechs

Familien aus der Nachbarschaft gründeten wir einen sogenannten »Bus mit Füßen«. Das Konzept sieht vor, dass die Kinder von einem gemeinsamen Treffpunkt aus zur Schule marschieren. Begleitet von zwei jeweils wechselnden Elternteilen. Diese Art der Fahrgemeinschaft ist umweltfreundlich, sozial, gesundheitsförderlich, also rundum eine prima Sache. Drei Wochen lang funktionierte sie wunderbar.

Dann meldete sich eine Mutter aus einer anderen Ecke der Nachbarschaft. Mit der einfachen Frage, ob sie sich mit ihrem Sohn unserer Fahrgemeinschaft anschließen dürfe. Kurz darauf trudelte dieselbe Anfrage eines alleinerziehenden Vaters aus der Gegend ein. Und das Drama nahm seinen Lauf.

Mein Mann und ich freuten uns darauf, neue Eltern und potenzielle Freunde unseres Sohns kennenzulernen. Die Stadt München empfiehlt eine Gruppengröße von bis zu acht Kindern im »Bus mit Füßen« – dass es nun neun Kinder sein würden, hielten wir für kein Problem. Zumal die neue Mutter jeden Tag als dritte Aufsichtsperson mitlaufen würde, weil, wie sie schrieb, ihr Sohn »sich das so wünscht«. Drei Erstklässler pro erwachsenen Busbegleiter erschien uns nicht nur als ein ausreichender, sondern auch komfortabler Betreuungsschlüssel.

Die Furcht vor Veränderung und die Sorge ums Kind machen manche Menschen zu unberechenbaren Wesen. Anders kann ich es mir nicht erklären, dass in der WhatsApp-Gruppe unserer Fahrgemeinschaft nicht

Freude, sondern Unruhe ausbrach. Man wolle ja niemanden ausschließen, behaupteten die anderen – aber: Die Kinder hätten sich jetzt »an die Abläufe gewöhnt«, bei einer Gruppe aus nunmehr sechs Jungs und drei Mädchen sei »Stress vorprogrammiert«, wir alle seien zudem »keine in Pädagogik ausgebildeten Lehrer«, auf die »unterschiedliche Risikobereitschaft« der Mitglieder der bestehenden Gruppe müsse man Rücksicht nehmen.

Das mag alles richtig sein. Unser Vorschlag, die Gruppe in schnelle oder langsame Geherinnen und Geher am Treffpunkt täglich neu aufzuteilen, wurde abgeschmettert. Stattdessen forderten die anderen Gruppenmitglieder: An den bisherigen Abläufen sollte sich nichts ändern, die neue Mutter mit ihrem Sohn und der alleinerziehende Vater mit seiner Tochter dürften aber gerne unserem »Bus mit Füßen« hinterherlaufen.

An diesem Punkt war mein Verständnis aufgebraucht: »Ihr wollt also die anderen ausschließen?«, fasste ich die Lage zugespitzt zusammen. Darauf brach ein Sturm der Entrüstung aus, man habe doch mit dieser Lösung bewiesen, dass keiner ausgeschlossen werde. Niemand hatte mehr Lust auf weitere Diskussion. Die Kinder liefen folglich nach Art eines neuzeitlichen Apartheidregimes zur Schule: die Kerngruppenkinder vorne, die anderen zwei Kinder nebst Mutter und Vater hinten.

Die Segregation in Bussen, wonach die Weißen vorne und die Schwarzen hinten zu sitzen haben, schafften die

USA 1964 ab. Wir führen ein ähnliches System im Jahr 2021 wieder ein? Mit Kindern als Betroffenen? Es macht mich immer noch fassungslos, wie es so weit kommen konnte. Laut den Regeln unserer Gruppe durften Kinder der Kerngruppe, wenn sie wollten, mit den Nachzüglern hinten laufen. Umgekehrt galt das aber nicht. Ist diese »Das Boot ist voll«-Mentalität einfach eine typisch deutsche Verhaltensweise? Schwer vorstellbar jedenfalls, dass man das Bild einer Gruppe von sieben Kindern, umrahmt von zwei Erwachsenen und gefolgt von zwei weiteren Kindern mit Eltern, einem Nicht-Deutschen oder einem Alien erklären könnte.

Das Schlimme waren nicht zuletzt die Vorwürfe, die mein Mann und ich uns damals gegenseitig machten. Wäre ich die anderen Eltern in der Gruppe nicht so harsch angegangen, wäre es ihm vielleicht gelungen, die Gruppe zu einem menschenfreundlicheren und sozialeren Kompromiss zu bewegen, glaubte er. Es stimmt schon: Wenn mich etwas aufregt, bin ich häufig sehr schnell sehr direkt und wenig diplomatisch. Deswegen arbeite ich auch als Leiterin des Ressorts »Meinung« bei einem politischen Nachrichtenmagazin und nicht als Politikerin in einem Parlament.

Dennoch: Dass mich mein Mann indirekt für das Scheitern der Solidarität innerhalb unserer Gruppe verantwortlich machte, weil ich zu deutliche Worte gefunden hatte, verletzte mich. So lagen wir dann manchmal nachts wach und verzweifelten nicht nur an den Eltern der Schulfreunde unseres Sohns, sondern auch an uns.

Erstaunlicherweise beteiligten sich alle einschließlich der Kinder an einem System der Ausgrenzung, das selbstverständlich keiner in der Gruppe wahrhaben wollte. Keiner von uns, soweit ich das beurteilen kann, denkt rassistisch oder wollte aus anderen Gründen seinen Mitmenschen schaden. Trotzdem konnte es bei den Hinterbänklern in unserem Bus so ankommen.

Und was sollten die Kinder aus dieser seltsamen Schulwegorganisation lernen? Ich wusste jedenfalls nicht, was ich antworten sollte, als unser Sohn mich eines Tages fragte, warum seine Mitschülerin mit den Hai-Handschuhen und der Junge, der die Hand seiner Mutter braucht, immer hinten laufen? Ich schlug ihm daraufhin vor, künftig bei den Neulingen mitzugehen, aber das wollte er nicht. Kinder scheinen ein Gespür dafür zu haben, dass es Vorteile bringt, Teil der tonangebenden Mehrheit zu sein. Später wurde das Mädchen zu seiner besten Freundin.

Irgendwann schickte mir der alleinerziehende Vater eine Nachricht, dass es seine Tochter traurig mache, kein echter Teil der Gruppe zu sein. Sie spüre, »dass wir da nur hinterherrennen«. Für das Mädchen sei es angenehmer, künftig allein mit ihm zur Schule zu laufen, schrieb er mir kurz vor Weihnachten. In der Woche hatte auch die neu hinzugekommene Mutter ihren Abschied aus der letzten Reihe angekündigt. Sie fuhr das Kind künftig mit dem Auto zur Schule. Irgendwann zum Ende des ersten Schulhalbjahrs löste sich der Bus mit Füßen auf. Trotzdem kann ich nicht anders, als immer wieder daran zu denken, wie wir unserem Sohn damals unabsichtlich das Mobben beibrachten.

Vielleicht bin ich zu pessimistisch, aber ich frage mich schon, wie wir als Bürgerinnen und Bürger dieses Landes epochale Herausforderungen wie den Kampf gegen Kriege, Krisen und den Klimawandel bewältigen wollen, wenn doch die Erfahrung vor der eigenen Haustüre zeigt, dass das Erlernen neuer Alltagsroutinen, tägliche Improvisation oder der Verzicht vermeintlicher Privilegien bei der Mehrheit der Betroffenen solche Abwehrreaktionen hervorruft.

Was, wenn das Kind in der Schule scheitert?

Für unseren Sohn ist klar: »Wenn ich groß bin, werde ich Architekt.« Das höchste Hochhaus der Welt will er eines Tages bauen. Auf der Zugspitze soll es stehen. Eine Wasserrutsche soll an der Außenwand entlang vom Dach bis ins Erdgeschoss führen.

Dass er dafür am Ende der Grundschule zu den Besten seiner Klasse gehören sollte, um die in Bayern so wichtige Empfehlung fürs Gymnasium zu bekommen, dass er eine Abiturprüfung bestehen und ein Hochschulstudium abschließen muss, ahnt er inzwischen. Neulich hörte ich, wie er mit seinem besten Freund und Nachbarsjungen darüber diskutierte, ob sie nach der vierten Klasse lieber »in die Schule für die Doofen« gehen sollen, weil sie gehört hatten, dass die Schulzeit dort kürzer ist. Vermutlich meinte er die Realschule oder Mittelschule.

Unser Sohn geht nicht besonders gerne in die Schule. Was mit dem verdammten Leistungsdruck zu tun hat, der dort in der dritten Klasse bereits herrscht. Als Erstklässler ist er morgens noch mit größerer Freude in die Schule aufgebrochen. Er hatte damals keine Ahnung, dass manch Lebensweg in diesem Land von einer möglichst niedrigen Zahl auf einem Zettel abhängt.

Als Siebenjähriger wusste er natürlich auch nicht, was sein Kinderarzt vor der Einschulung über das bayerische Schulsystem gesagt hatte: »Das erste Schuljahr schafft jeder. In der dritten und vierten Klasse aber wird radikal ausgesiebt.« Mein Mann und ich haben deshalb lange überlegt, ob wir unseren Jungen statt mit sechs Jahren lieber erst mit sieben einschulen sollten.

Seit Kurzem können Eltern in Bayern selbst entscheiden, ob ihre Kinder, die zwischen dem 1. Juli und dem 30. September sechs Jahre alt werden, nach dem Sommer oder erst ein Jahr später eingeschult werden. Dadurch stieg die Zahl der zurückgestellten Kinder nahezu überall, in einigen Landkreisen sogar um ein Drittel.

»Warten Sie noch ein Jahr mit der Einschulung«, hatte uns ein Betreuer im Kindergarten geraten. Eine zu späte Einschulung gebe es nicht, befand er. Je älter das Kind bei der Einschulung sei, desto leichter meistere es die Schule. Dem Erzieher war außerdem die niedrige Frustrationstoleranz unseres Sohnes nicht entgangen. Er musste dort natürlich keine Bohnendosen oder Marmeladengläser öffnen, aber wenn beim Malen oder Ausschneiden etwas nicht sofort klappte, konnte es vorkommen, dass der Junge wutentbrannt aus dem Bastelzimmer stürmte oder in Tränen ausbrach.

Die Wut ist ein dicker roter Zwerg mit hochgekrempelten Hemdsärmeln und locker gebundener Krawatte. So jedenfalls wird das Gefühl im oscarprämierten Animationsfilm »Alles steht Kopf« dargestellt. Das Wut-Männchen lebt gemeinsam mit den anderen vier Basisemotionen Freude, Kummer, Ekel und Angst im Kopf der elfjährigen Riley. Mithilfe eines Schaltpultes geleiten sie das Mädchen durch den Alltag, der jäh erschüttert wird durch den Umzug in eine neue Stadt.

Es ist ein wunderbarer Film, der Kindern wie Eltern auf sehr tröstliche Art und Weise klarmacht, dass es gute und schlechte Gefühle eigentlich nicht gibt. Alle Emotionen haben ihre Berechtigung. »Wut ist ein wichtiges Gefühl. Wut hilft, die eigenen Grenzen zu verteidigen«, heißt es auch im Kinder-SPIEGEL-Artikel »Wie du deine Gefühle besser verstehst«.

Wir als Eltern würden auf die ach so nützliche Wut gerne verzichten. »Du bist die blödeste Mama der Welt«, solche Sätze verletzen mich schon gar nicht mehr. Was mir mehr Sorgen macht, sind Wutausbrüche, in denen der Junge verkündet: »Ich kann das nicht. Ich mache das nie wieder!« Ja, ich habe Erziehungsratgeber gelesen und Erziehungsseminare übers »Lernen lernen« besucht, in denen es immer wieder heißt, es gelte, den Kindern einzutrichtern: »Du kannst es NOCH nicht.« Und ja: Aus der Trotzphase, in der sich Kinder bis zum Alter von etwa drei Jahren mehrmals am Tag in explodierende Vulkane verwandeln, ist unser Junge längst rausgewachsen. Die brodelnde Lava aber, dieses Männchen mit den lodernden Flammen als Frisur, ist geblieben. Und spielt im Orchester der kindlichen Emotionen häufig die erste Geige.

Im Zeichentrickfilm übernimmt die Wut immer dann das Kommando am Schaltpult, wenn es in Rileys Welt ungerecht zugeht. In unserem Familienalltag kommt sie immer dann zum Vorschein, wenn dem Jungen der Geduldsfaden reißt. Es können auch Kleinigkeiten sein, die unserem Sohn eine halbe Stunde lang die Laune verderben. Dass man bei Schnee nicht mit dem Roller fahren kann, bezeichnete er als »die größte Ungerechtigkeit der Welt«. Ich konnte darüber nur lachen, was seine Wut aber nur zu vergrößern schien.

Mit der Einschulung warten? Uns Eltern machte nicht nur die geringe Frustrationstoleranz Sorgen: Das Kind ging, seitdem es zu den Ältesten in seiner Gruppe gehörte, nur noch sehr ungern in den Kindergarten. In der Schule würden neue Freunde, neue Abenteuer, neue Herausforderungen auf ihn warten, dachten wir. Uns erschien der mit der Einschulung verbundene Tapetenwechsel sinnvoll. Was tun?

Das, was wir als Erstes versuchten, ist mir heute fast etwas peinlich: Wir meldeten den Jungen an einer Waldorfschule an. Dass die Kinder dort angeblich in ihrem eigenen Lerntempo arbeiten können und ihre Leistung nicht ausschließlich in Noten beurteilt wird, schien zum ungeduldigen Charakter unseres Jungen zu passen. Als wir die Bewerbungsunterlagen sahen, kamen uns allerdings erste Zweifel. »Bitte beschreiben Sie die Entwicklung ihres Kindes unter Berücksichtigung besonderer Begabungen und Einschränkungen«, hieß es da unter anderem, gefolgt von einer Seite Platz für die Antwort. Wir fühlten uns unwohl dabei, unseren Jungen anzupreisen wie ein Hochhauserfinder sein geniales Werk beim Architekturwettbewerb.

Da will man seinem Kind ein Schulleben ohne Leistungsdruck ermöglichen, muss aber als Eltern ein aufwendiges Auswahlverfahren durchlaufen? Für uns passte das von Anfang an nicht recht zusammen, wir verbrachten aber dennoch mehrere Abende damit, die geforderten Besinnungsaufsätze auszuformulieren und die Bewerbungsunterlagen handschriftlich auszufüllen. Es hatte geheißen, wer mit Füller auf Papier arbeite, habe besonders gute Chancen. Einen Tag nach Ende der Anmeldefrist erhielten wir die Mappe mit einem knappen Satz der Ablehnung zurück.

Inzwischen sind wir froh darüber. Auch die Entscheidung, den Jungen gegen den Rat der Kitaleitung einzuschulen, haben wir nicht bereut. Mit dem Wechsel vom Kindergarten in die Schule ist zum Beispiel sein Selbstbewusstsein spürbar gewachsen. Uns Eltern freut, dass er mit vielen Jungs und Mädchen aus unserer Nachbarschaft, denen er früher eher aus dem Weg gegangen ist, inzwischen Freundschaft geschlossen hat. Er zettelt Wasserbombenschlachten an, orchestriert die Reihenfolge an der Schaukel im Garten und baut mit seiner besten Freundin, mit der er jeden Morgen in die Schule läuft, Ninjago-Tempel aus Legosteinen. Vollkommen klar, dass er eines Tages Architekt wird! Wären da nicht diese verdammten Zeugnisse, die statt netter Worte irgendwann harte Zahlen enthalten werden.

Neulich brach es mir fast das Herz, als der Junge unter Tränen berichtete: »Beim Schreiben bin ich der Schlechteste in der Klasse.« Ich glaube nicht, dass ihm die Lehrerin das so gesagt hat. Vermutlich kommt es ihm selbst so vor. Frust und Wut sind zwei Gefühle, die offenbar zum Charakter unseres Jungen gehören. Die aber das Lernen nicht unbedingt leicht machen. Einmal zum Beispiel rief das Schulsekretariat nach der zweiten Stunde bei uns an und bat darum, den Jungen abzuholen, weil er in Tränen aufgelöst und nicht mehr ansprechbar im Klassenzimmer sitze. Es stellte sich heraus, dass er am Schreiben des Satzes »Lisa pflanzt Blumen in einen Topf« gescheitert war. Statt es noch einmal zu versuchen, zerriss er offenbar lieber das Papier. Er hat übrigens keine Legasthenie. Haben wir zweimal testen lassen. Auf Anraten seiner Klassenlehrerin.

Sie ist eine tolle und engagierte Pädagogin. Umso schockierter waren wir daher von ihrem Rat in der Elternsprechstunde Mitte des zweiten Schuljahrs, dem Jungen zur Bewältigung seiner Wutanfälle therapeutische Hilfe zukommen zu lassen. Wenn er im Unterricht unter Stress gerate, erzählte sie, weil er vielleicht eine Arbeitsanweisung nicht mitbekommen habe oder an ihr gescheitert sei, laufe unser Kind rot an und werde sehr laut. Manchmal pfeffere es sein Mäppchen auf den Boden oder zerknülle theatralisch das Papier auf seinem Pult. Sie schicke den Siebenjährigen dann meistens zur Beruhigung vor die Tür – was in der zweiten Klasse noch gehe, in der dritten aber nicht mehr. Zum Glück leitete die Lehrerin schnell über zu den positiven Seiten der schlechten Nachricht.

Die Wutanfälle unseres Sohnes seien nicht mit Aggressionen gegen andere verbunden. Außerdem, so die Pädagogin weiter, machten sich seine Klassenkameraden nicht über ihn lustig. Offenbar schafft es der Junge mit anderen Emotionen wie mit seiner ebenfalls sehr sichtbaren Freude in guten Momenten oder seiner Empathie und Hilfsbereitschaft, schnell Freundschaften zu schließen.

Braucht der Junge also wirklich psychologische oder ergotherapeutische Hilfe? Vielleicht haben mein Mann und ich einfach ein »gefühlsstarkes Kind« zur Welt gebracht? So nennt die Autorin und Familienexpertin Nora Imlau Jungen und Mädchen, die von Geburt an wilder, fordernder, aber auch sensibler und verletzlicher sind als andere. Jedes siebte Kind komme mit dieser besonderen Spielart der Persönlichkeitsentwicklung zur Welt, schreibt Imlau in ihrem Buch »So viel Freude. So viel Wut«.

Das, was die Klassenlehrerin unseres Sohnes als Störung im Betriebsablauf und damit als Problem im Unterricht wahrnimmt hat, ist aus Imlaus Sicht eine besondere Veranlagung. Die Dickköpfigkeit besonders emotionaler Kinder etwa treibe ihr Umfeld zwar manchmal in den Wahnsinn, sei aber im Grunde »eine großartige Gabe: Die Primatenforscherin Jane Goodall hätte es sonst wohl nie in den Dschungel geschafft, Steve Jobs hätte seine kleine Computerwerkstatt nicht zum Weltkonzern aufgebaut, Albert Schweitzer hätte kein Urwaldkrankenhaus aufgebaut, und die Sängerin P!NK würde heute keine Stadien füllen. Sie alle waren nämlich einmal gefühlsstarke Kinder«, so Imlau.

Aber wie kann ein Kind lernen, seine Gefühle besser zu kontrollieren? Eine befreundete Psychologin riet uns, bei einem Wutausbruch des Sohnes über die Intensität des Gefühls zu sprechen statt über den Grund. Wie ein Erdbebenforscherteam auf heikler Mission sollten wir gemeinsam definieren, welchen Wert auf der Skala von eins bis zehn der Gefühlsausbruch gerade habe. Wir sollten außerdem nicht versuchen, die Wut kleinzureden mit Sätzen wie »Reg dich doch nicht über eine zu enge Socke so furchtbar auf!«, sondern stattdessen das Geschehen neutral zu beschreiben: »Du regst dich gerade furchtbar darüber auf, dass die Socke am Fuß kleben bleibt.« Bestätigung statt Gegenrede wirke angeblich Wunder.

Wir versuchen außerdem, die Wurzel der Wut statt nur die Symptome zu bekämpfen. Es gilt zu verhindern, dass das wütende Männchen im Kopf des Kindes in die Nähe der Schalthebel kommt. Das Marburger Konzentrationstraining, an dem unser Sohn teilnahm, soll zum

Beispiel dazu führen, dass er im Unterricht nicht so schnell den Faden und die Fassung verliert. Ein Punkteplan motiviert ihn am Morgen und Abend, sich selbst anzuziehen, die Zähne zu putzen und dabei nicht zu trödeln. Gelingt ihm das Kunststück, gibt es einen Punkt.

Anfangs fanden mein Mann und ich die Idee absurd, den Jungen für Selbstverständlichkeiten wie etwa das geräuscharme Schlafanzuganziehen zu belohnen. Andererseits ist unsere familiäre Morgenroutine seitdem viel ruhiger. Am Wochenende – wenn er genug Punkte gesammelt hat – machen wir gemeinsame Filmabende. »Alles steht Kopf« ist inzwischen unser Lieblingsfilm.

Natürlich könnte es sein, dass sich die Wutausbrüche im Unterricht mit einer späteren Einschulung erledigt hätten. Vielleicht hätten sie sich aber einfach ein Jahr nach hinten verschoben? Ich weiß zwar nicht genau, wie das gelingen soll, aber irgendwann wird unser Sohn hoffentlich lernen, seine großen Emotionen in Momenten des Misserfolgs vielleicht in etwas Nützliches umzuwandeln.

Wenn ich überlege, was ich an der Schule eigentlich gelernt habe, dann fällt mir wenig Fachwissen ein. Der Geschichtsunterricht über die Verbrechen des Nationalsozialismus hat sich mir eingebrannt. Ich glaube, ich wusste auch mal, welches der längste Fluss Deutschlands ist, und dass es sich bei der Fotosynthese um die Atmung der Pflanzen handelt. Vor allem hat mich die Zeit an der Schule gelehrt, mit Druck klarzukommen.

Ich bin dem Mathelehrer, den ich damals in der fünften Klasse hatte, noch heute dankbar, dass er mir einmal als Strafarbeit aufgebrummt hat, die Quadratzahlen bis 25 zehnmal auf zehn Seiten aufzuschreiben. Seitdem weiß ich im Schlaf, welche Zahl man mit sich selbst multiplizieren muss, um die 144 oder die 361 zu erhalten, was mir den Matheunterricht bis in die Oberstufe hinein enorm erleichterte. Dabei mag ich keine Zahlen und kriege das kalte Grausen, wenn mein Mann mich um Unterlagen bittet, mit denen er die Steuererklärung erstellen kann.

Ein paar Jahre lang hatten wir eine Steuerberatungsfirma mit der für mich albtraumhaften Aufgabe beauftragt, all die Rechnungen und Zettel mit Zahlen drauf zu einem sinnvollen Ganzen zusammenzufügen. Mit deren erste Amtshandlung war dann, mir eine Selbstanzeige beim Finanzamt ans Herz zu legen, weil ich irgendetwas schon seit Jahren nicht richtig angegeben oder abgerechnet hatte. Ich kam dem natürlich umgehend nach, musste nicht ins Gefängnis, sondern eine in Quadratzahlen bis 25 nicht annähernd darstellbare Zahl nachzahlen.

Ich hoffe, dieses Schicksal bleibt unserem Jungen erspart. Er ist gut in Mathe. Alles mit Zahlen fällt ihm leicht. Dennoch haben mein Mann und ich Angst, dass unser Junge dem strikten bayerischen Schulsystem womöglich nicht gewachsen ist. Dass er, wie der Kinderarzt so drastisch formulierte, »ausgesiebt« wird. Andererseits: Wäre es schlimm, wenn der Junge eines

Tages nicht Abitur macht? Das einzige Mitglied unserer Verwandtschaft mit Pool im Garten und Millionen auf dem Konto ist jedenfalls das ohne Abitur. Mein Cousin ist Bowlingbahnbesitzer. Ich glaube, er verdient mehr Geld als mein anderer Cousin, der Mathematikprofessor ist. Beide sind, soweit ich das beurteilen kann, glücklich mit dem, was sie tun. Ob sie mit sechs oder sieben eingeschult wurden, weiß ich nicht.

Opfer der Frauenquote

Wahlen sind eine großartige Erfindung. Frei, gleich, geheim, unmittelbar finden sie statt. Vergangenes Jahr zum Beispiel in unserer Wahlheimat Bayern. Demokratie kann aber auch hart, zwiespältig, überraschend sein. Zum Beispiel in der Münchner Grundschule unseres Sohnes.

Zu Beginn des neuen Schuljahres fand eine Klassensprecherwahl statt. Unser Sohn eröffnete uns in der Woche davor am Abendbrottisch: »Ich kandidiere.« Sein Wahlversprechen: »Wer mich wählt, muss nie wieder Klassendienste erledigen.« Aufräumen, putzen, den kranken Kindern die Hausaufgaben vorbeibringen – all das wollte er künftig freiwillig und für andere erledigen? Mein Mann und ich konnten es kaum glauben. Offenbar war ihm die Sache ernst.

Auch ein Wahlplakat malte er mit großer Ausdauer und sehr viel Wasserfarbe. Am Ende prangte sein Gesicht – vielleicht besser: ein Gesicht – auf knallrotem Grund. Stolz und freudig wie selten rollerte er am entscheidenden Tag in die Schule. Leider war das Ergebnis ziemlich bitter. Unser Sohn hatte es zwar in die Stichwahl geschafft, unterlag aber mit zwei Stimmen einem Mitschüler.

Damit wäre er prädestiniert gewesen für den Posten des stellvertretenden Klassensprechers. Aber: Dieses Ehrenamt bekam jemand anderes. Ein Mädchen. Es hatte zwar gar keines kandidiert. Aber die Klassenlehrerin ermunterte die Mitschülerinnen meines Sohnes so lange, bis sich schließlich eine Kandidatin fand, die mangels Konkurrenz dann auch einstimmig zur Klassensprecherin gewählt wurde.

Ich muss gestehen, dass ich Empörung in mir aufsteigen fühlte, als unser Sohn von seiner Niederlage erzählte. Mein Sohn, ein Opfer der Frauenquote! Was mich von einem Wutanfall abhielt: Ihm schien es vollkommen einzuleuchten, dass ein so wichtiges Amt von einem Jungen und einem Mädchen gemeinsam ausgeübt werden sollte. Er war zwar sehr traurig über seine knappe Niederlage. Aber die Tatsache, dass eine Mitschülerin, die ursprünglich gar nicht kandidieren wollte, die kein eigenes Plakat gemalt und keine Bewerbungsrede vorbereitet hatte, seinen kindlichen Traumjob ausüben sollte, schien ihm nicht ungerecht vorzukommen. In seiner Klasse gibt es Jungen und Mädchen, also muss es einen Klassensprecher und eine Klassensprecherin geben. Er fand das logisch. Also ließ ich ihn in diesem Glauben.

Vielleicht ist sein unfreiwilliger Verzicht ein Opfer, das die Welt eines Tages ein bisschen besser macht. Man muss keine Feministin sein, um mit Blick auf den Zustand der Menschheit festzustellen, dass zu viele Männer zu viel Macht haben. Und ich meine nicht mal die Hamas-Terroristen, die Familien exekutieren im Glauben, für irgendetwas Sinnstiftendes zu kämpfen. Ich spreche nicht über iranische Mullahs oder Revolutionswächter, die Schülerinnen auf Polizeistationen mutmaßlich zu Tode prügeln, weil das ihre Autorität untermauert. Von Kriegstreiber Putin, dem chinesischen Pokerface Xi, dem nordkoreanischen Atombombenfan Kim brauchen wir gar nicht zu reden.

Klar kann man davon ausgehen, dass Politiker in einer Demokratie auch für Bürgerinnen Politik machen. So wie sich Politikerinnen ja nicht nur um Frauenthemen kümmern, obwohl sie von den meist männlichen Regierungschefs bevorzugt für Ämter zu Aufgaben wie Soziales, Familie, Senioren, Gesundheit, Bildung nominiert werden.

Sicher ist ein zu drei Vierteln mit Männern besetztes Parlament wie der Bayerische Landtag nicht automatisch ein frauenfeindlicher Haufen. Aber es wäre schon interessant, zu wissen, ob ein paritätischeres Parlament zu anderen Entscheidungen kommen, andere Prioritäten setzen oder zumindest für einen freundlicheren Umgangston untereinander sorgen würde.

Von allen aktuell vertretenen Parteien im Bayerischen Landtag hatten einzig die Grünen eine Spitzenkandidatin im Rennen. Katharina Schulze, eine 37-jährige Mutter, die im Falle eines Wahlsiegs noch nicht mal Ministerpräsidentin hätte werden können, weil es eine Klausel in der Bayerischen Verfassung gibt, die besagt, dass nur Personen ab vierzig Jahren an der Spitze der Freistaatsregierung Macht ausüben dürfen. Immerhin: Den Geschlechtseintrag »Mann« im Personalausweis schreibt die Regelung nicht vor.

Die Freundinnen unseres Sohnes können große Bestimmerinnen sein, wenn es um den richtigen Weg zur Schule geht. Sie machen klare Ansagen, wenn unser Sohn zu spät zum Treffpunkt erscheint. Sie unterbrechen ihn am Zebrastreifen gelangweilt, wenn sein Witz zu lange braucht, bis er die Pointe erreicht hat. Und dennoch wollte keines dieser Mädchen von sich aus als Klassensprecherin kandidieren.

Schon möglich, dass Männer oder Jungs mehr natürliche Bereitschaft an den Tag legen, wenn es gilt, ins Risiko zu gehen oder Verantwortung für eine Gruppe zu übernehmen. Aus meiner Perspektive als Jungsmutter scheint eine Frauenquote da irgendwie ungerecht. Aus der Erfahrung als Politikjournalistin, die in einer Männerdomäne arbeitet, weiß ich aber, dass viele Frauen Dinge erst mal ausprobieren wollen, bevor sie sie sich zutrauen. Das ist doch auch richtig. Woher soll ein Mädchen wissen, dass ihr das Klassensprecherinnenamt Spaß macht, wenn sie es noch nicht versucht hat? Manche Talente, die sich Jungs gern einreden, müssen

Mädchen vielleicht erst entdecken. Natürlich hilft da eine Frauenquote.

Ich kann mir jedenfalls vorstellen, dass die frisch gewählte Klassensprecherin größeren Durchhaltewillen beim Klassenzimmeraufräumen an den Tag legt als unser Sohn. Sie hat außerdem den Vorteil, dass sie ein solches Wahlversprechen gar nicht gegeben hat und damit auch keines brechen kann. Vielleicht ist sie am Ende die richtige Wahl. Und kandidiert im nächsten Schuljahr von sich aus.

Vielleicht wird aus unserem Jungen einmal ein Mann, der im späteren Leben nicht Gemeinheit, Leistungsfeindlichkeit, Übervorteilung wittert, wenn ein Posten nicht an ihn, sondern an eine Frau geht. Und ganz sicher bleibe ich eine Mutter, die auf ihren Sohn auch dann stolz ist, wenn er Wahlen knapp verliert.

Lies! Das! Jetzt!

Zu den vielen Qualitäten meines Mannes gehört, dass er gern und freiwillig Elternabende besucht. Die Sorgen und Nöte der anderen Eltern kann er im Anschluss bühnenreif nacherzählen. Bisher habe ich mich meist sehr über das dargebotene Elternabendtheater um Belanglosigkeiten aller Art amüsiert oder, noch schöner, mich gemeinsam mit ihm über die aufgeregten Diskussionsbeiträge der anderen aufgeregt.

Als er aber vom ersten Elternabend des zweiten Schuljahrs zurückkam, war seine Miene finsterer als sonst. Es gebe etwas zu besprechen, kündigte er an. Während der Elternabend der 2a noch lief, hatte er mir bereits eine Nachricht aufs Handy gesendet: »Lass ihn selber lesen! 10 Minuten!«, schrieb er, als ich gerade zur Gute-Nacht-Geschichte angesetzt hatte.

Seit ich denken und unser Sohn zuhören kann, lesen wir ihm jeden Abend eine halbe Stunde aus Kinderbüchern vor, manchmal auch tagsüber. »Der Räuber Hotzenplotz«, »Das kleine Gespenst«, »Der Grüffelo«,

»Reise zum Mond«, »Michel aus Lönneberga«, »Petterson und Findus«, neuerdings »Harry Potter« … das Bücherregal in seinem Zimmer platzt längst aus allen Nähten. Nur selbst ein Buch aus dem Regal gezogen, hat der Junge noch nie. Er hört gern zu, selbst lesen will er aber nicht.

Auf dem Elternabend hatte die Schulleitung Zahlen präsentiert: 18 Prozent der Viertklässler könnten Texte nicht flüssig lesen und deren Inhalt richtig wiedergeben. Vielleicht waren das Durchschnittswerte aus Bayern. Deutschlandweit sieht das Bild jedenfalls noch düsterer aus. Der Anteil derjenigen, die Probleme mit dem Lesen und dem Textverständnis haben, nahm während der Coronapandemie um 6 Prozent auf insgesamt 28 Prozent zu, heißt es in einer Studie des Instituts für Schulentwicklungsforschung der Technischen Universität Dortmund. Die aktuelle Schülergeneration in Deutschland zeige generell eine wesentlich geringere Lesekompetenz als noch vor fünf Jahren – aus Sicht der Studienautoren ein alarmierendes Ergebnis.

Es sei auch die Aufgabe von uns Eltern, unseren Kindern das Lesen beizubringen, so die Klassenlehrerin. Da hat sie natürlich recht. Aber den Umfang der vor uns liegenden Herausforderung fand ich schon beachtlich – zumal ich als voll berufstätige Mutter nicht den ganzen Nachmittag Zeit fürs Hausaufgaben-Management habe. Zehn Minuten täglich müssten wir uns mindestens vom Nachwuchs vorlesen lassen, gern mehr, so die Klassenlehrerin. Wir sollten bitte dringend darauf achten, dass die Kinder täglich die Lesehausaufgaben machten. In einen »Leseausweis« sollen wir täglich die gemeinsame Lesezeit eintragen.

Es gelte, jetzt die Grundvoraussetzung für schulischen und beruflichen Erfolg, gesellschaftliche Teilhabe und lebenslange Neugierde legen. Der Schlüssel zum glücklichen Leben laute: Lesen! Lesen! Lesen! So klang es zumindest in der Elternabendnacherzählung meines Mannes.

Unser Sohn interessiert sich, wie gesagt, für Zahlen, fürs Bauen, fürs Zeichnen, aber nicht für gedruckte Wörter auf Papier. Natürlich haben wir schon oft versucht, ihn zum Lesen zu animieren. Was folgt, ist meist ein ziemliches Trauerspiel, das Eltern wie Kind frustriert. Kaum soll er selbst lesen, fährt alle Freude aus dem Jungen. Er wirkt nervös und schwer genervt, wenn er aus den Buchstaben in Zeitlupe einzelne Wörter formt. Die Aussage der Sätze scheint er nicht immer zu verstehen. Es ist eine einzige, quälende Pflichtübung. »Wie lange muss ich noch lesen?«, fragt er nach zwei Minuten. Nach vier, nach sechs, nach acht Minuten wiederholt er die Frage. Es wird mit jedem Schuljahr besser, aber freiwillig ein Buch lesen? Dem verweigert sich unser Junge bis heute. Bald kommt er in die vierte Klasse.

Kaum hatte er lesen gelernt, stieg der Druck, dass er Fortschritte macht, mehr liest, endlich Freude daran entwickelt. Damals lastete der Stress eher auf uns Eltern als auf den Schultern unseres Jungen. So sehr ich die gute Absicht der Schulleitung verstehe, den Erwachsenen ins

Gewissen zu reden, das Lesen bei ihren Kindern zu fördern. Ich bin mir nicht so sicher, ob nicht das Gegenteil des erwünschten Effekts eingetreten ist, dadurch dass wir unser Kind täglich zum Lesen drängten. Mir scheint es seine Neugierde auf das Medium Buch nicht gesteigert zu haben, dass er das Lesen seit der zweiten Klasse als quälendsten Moment des Tages erlebt.

Wovor mein Mann und ich immer zurückgeschreckt sind, das sind Ultimaten. »Wenn du gelesen hast, darfst du fernsehen.« »Wenn du gelesen hast, gibt es ein Eis.« »Wenn du jetzt nicht sofort liest, darfst du nachher nicht auf den Spielplatz.« Belohnungen oder Drohungen gelten in der heutigen Erziehung zu Recht als nicht mehr zeitgemäß. Therapeuten und Pädagogen sehen in Bestrafungen verzweifelte Versuche, unsere Kinder zur Mitarbeit zu zwingen. Sie sind aber wohl ein Ausdruck elterlicher Hilflosigkeit.

Vor allem schädigen sie den Selbstwert der Kinder, das Vertrauen zueinander, und sie belasten die Beziehung zwischen Eltern und Kind, glaubt zum Beispiel Katharina Saalfrank, die einst als »Super Nanny« auf RTL Erziehungstipps gab. »Wenn wir das auf Erwachsene übertragen – können Sie sich vorstellen, was passieren würde, wenn Sie zu Ihrem Partner abends sagten: »Du hast immer noch nicht mit der Steuererklärung angefangen, also ist das Champions-League-Spiel heute Abend für dich gestrichen.«?

Außerdem funktionierten Belohnungssysteme nur für eine gewisse Zeit. »Bald sagen die Kinder: Ich räume mein Zimmer auf oder bringe den Müll runter – was gibst du mir dafür?« Gummibärchen reichten irgendwann nicht mehr aus. »Dann muss nach dem Abitur ein Auto vor der Tür stehen«, warnt Saalfrank. Wie viel Zeit soll ich ihm noch geben, auf seine Weise und seinem Tempo gemäß Lust am Lesen zu entwickeln? Klassenkameraden von ihm lesen längst flüssig, mit richtiger Betonung und richtiger Lust am lauten Vortrag. Unser Junge hat das auch mitbekommen und ärgert sich darüber, nicht mit den anderen mithalten zu können. Was leider nicht dazu führt, dass er Ehrgeiz entwickelt, es seinen Freunden gleichzutun. Die Erkenntnis, im Lesen nicht gut zu sein, führt eher dazu, dass er der Herausforderung erst recht aus dem Weg geht. Und wir wiederum noch mehr Druck ausüben müssten, ihm über die Hürde zu helfen. Zu viel Druck führt bei unserem Sohn allerdings nicht zum Lernerfolg, sondern sehr leicht zu viel Wut.

Von Harry Potter zu Hitler

Bewegtbilder, Comics ohne Worte wie die rund hundert Jahre alten Strichmännchenzeichnungen von »Vater und Sohn« oder Rätselhefte. Die schaut sich unser Junge gerne an. »Little people, big dreams« heißt die Kinderbuchreihe des Insel Verlags, die er ebenfalls hin und wieder freiwillig zur Hand nimmt. Die Lebensgeschichten von Bruce Lee, Agatha Christie und Rudolf Nurejew blättert er immer wieder durch. Es gibt auch eine Ausgabe, auf der eine mit feiner Mine gezeichnete Anne Frank auf dem Titel ihr Tagebuch umklammert. Sie scheint schüchtern zu lächeln. Einmal hat der Junge kurz ins Buchinnere geblickt, die Biographie dann aber schnell wieder zur Seite gelegt.

Es war auch nicht der richtige Moment – beim Frühstück kurz vor der Schule – um den Jungen zum Weiterlesen zu animieren. Als Eltern jedenfalls braucht man starke Nerven, um die wunderschön bebilderten Seiten mit den wenigen, sehr präzisen Sätzen von Anfang bis Ende durchzulesen.

Hitler beschreibt die Autorin María Isabel Sánchez Vegara als »Großmaul mit Bärtchen«, da kann man vielleicht noch schmunzeln. Das Konzentrationslager Bergen-Belsen, in dem Anne Frank ermordet wurde, bezeichnet sie als »schlimmsten Ort auf der Erde«. Alles ist absolut kindgerecht formuliert und umschrieben – auf mich als Erwachsene wirkt die Monstrosität des Holocaust dadurch aber nur noch klarer.

Bisher kamen mir beim Blick ins Buch jedes Mal die Tränen. Auf der letzten Seite heißt es, dass Millionen Menschen Anne Franks Tagebuch gelesen hätten: »Und sie haben geweint um das Mädchen, das versteckt hinter einem Bücherregal davon geträumt hat, später Schriftstellerin zu sein.«

Ich habe keine Scheu, vor den Augen meines Sohnes zu weinen. Dass ich ihm bislang noch nicht aus Eigeninitiative die Geschichte über Anne Franks kurzes Leben vorgelesen habe, liegt eher an der Angst vor seiner Reaktion: Was, wenn er die Geschichte vom Mädchen, das sich erfolglos vor bösen Männern versteckte, irgendwie langweilig findet? Was, wenn er als Grundschüler einfach noch zu jung ist für die erste Berührung mit dem dunkelsten Kapitel der deutschen Geschichte?

Andererseits: Wann ist man denn alt genug? Am Holocaustgedenktag Ende Januar jedenfalls wollte unser Sohn gemeinsam mit einem Freund Schlittschuh laufen. Die nächstgelegene Eislaufbahn von unserem Zuhause im Westen von München liegt in Dachau, unweit der dortigen KZ-Gedenkstätte. Bundestagspräsidentin Bärbel Bas sagte am selben Tag bei ihrer Rede im Bundestag, manche Menschen würden glauben, Deutschland habe sich bereits genug mit der Schoa beschäftigt: »Das ist ein Irrtum. Es kann keinen Schlussstrich geben.« Aber wo und wann beginnt man überhaupt? Wenn nicht mit einer Bilderbuchbiografie über Anne Frank? Für die dann aber stets ein ruhiger Moment zur gemeinsamen Lektüre fehlt.

Früher, als ich selbst in etwa so alt war wie unser Junge jetzt, stellte sich die Frage nach dem richtigen Augenblick nicht. Damals, Mitte der Achtzigerjahre, gab es für uns Kinder noch einen Alltag mit Zeitzeugen aus der NS-Zeit. Mein Opa Walter zum Beispiel, der im Zweiten Weltkrieg unter anderem als Minenentschärfer an der französischen Front eingesetzt war, hatte immer furchtbare Albträume. Er jammerte oder schrie mitten in der Nacht laut auf, was meine Schwester und ich natürlich schon in jungen Jahren mitbekamen.

Wir wuchsen auf mit Geschichten aus dem Krieg. Opa Walter erzählte sie, während wir durch die Alpen wanderten. Wie er sich im Lazarett eine Granatsplitterverwundung immer wieder aufkratzte, um nicht zurück an die Front geschickt zu werden. Oder dass seine Haare in Kriegsgefangenschaft schlagartig weiß wurden. Mich haben seine Geschichten stark geprägt, und ich interessierte mich dadurch früh für die deutsche Vergangenheit: Als Mädchen habe ich unzählige Bücher wie die von Klaus Kordon (»Der erste Frühling«), Christine Nöstlinger (»Maikäfer, flieg!«) oder Judith Kerr (»Als Hitler das rosa Kaninchen stahl«) über den Nationalsozialismus gelesen. Als Schülerin der »Geschwister-Scholl-Schule« Tübingen lief ich jeden Morgen an Stellwänden mit Porträts der Weiße-Rose-Mitglieder vorbei. Als Teenagerin fuhr ich im Rahmen eines deutsch-polnischen Schüleraustauschs nach Auschwitz.

Ziel aller Pädagogik, so der Philosoph Theodor W. Adorno in den Sechzigerjahren, müsse sein, dass Auschwitz sich nicht wiederhole. Das stimmt immer noch, vermutlich gibt es heutzutage sogar mehr Museen, Gedenkstätten oder Stolpersteine als zu Adornos Zeit. Leider wird Erziehung umso schwerer, je weniger direkte Berührungspunkte es im Alltag mit Themen wie dem Holocaust gibt.

Unser Sohn verliert sich zurzeit am liebsten in der Zauberwelt von Harry Potter. Was zum Glück eine gute Vorbereitung ist, um die Judenverfolgung in Deutschland eines Tages besser begreifen zu können. Denn es gibt auch in der »Potter«-Saga als Grundmotiv eine Form der Rassenideologie. Vertreten wird sie vom Hause Slytherin, zu der auch Voldemort als das personifizierte Böse gehört. Nur reine Zauberer, die noch nie familiäre Verbindungen mit Muggeln, also Menschen, eingegangen sind, gelten bei ihnen als wahre Zauberer. Magische Menschen wie Harry Potters Freundin Hermine Granger, die von Muggeln abstammt, werden

»Schlammblut« genannt und sollen ausgestoßen werden. Das erinnert schon sehr an die Rassenideologie im Nationalsozialismus. Zwar gibt es bei Harry Potter kein Äquivalent zum Ariernachweis oder zum Judenstern, aber viel fehlt nicht.

Harry und seine Freunde stehen für »Vielfalt, Gleichberechtigung und den Einklang mit jeglichen Lebewesen der Welt«. Das könne man nutzen, so Ines Prodöhl, die an der Universität Bergen in Norwegen Geschichte lehrt, um nach der Lektüre mit Kindern ins Gespräch zu kommen. Zum Beispiel, indem man ihnen erzählt, dass es so etwas wie die Slytherins und Lord Voldemort schon einmal gab – und zwar nicht in einem fernen Land vor unserer Zeit, sondern vor gar nicht allzu langer Zeit hier in Deutschland.

Dann aber kommt einem diese monströse Dimension sehr schnell sehr nah: sechs Millionen ermordete Jüdinnen und Juden! Schon als Erwachsene kann man diese Zahl und das damit verbundene menschliche Leid kaum ermessen. Der »schlimmste Ort der Erde«, wie es im Bilderbuch über Anne Frank heißt, er war hier in Deutschland. An vielen Orten, die für unseren Jungen Heimat und Normalität bedeuten. So wie die Schlittschuhbahn neben dem KZ-Dachau.

Statt auf den richtigen Moment für die Bilderbuchlektüre zu warten, habe ich eines Tages, als ich mit dem Jungen neben mir im Auto in der Schlange vor der Waschanlage stand, unvermittelt gefragt: »Hast du schon mal von Adolf Hitler gehört, dem größten

Verbrecher Deutschlands?« Hatte er nicht. Er wollte sofort mehr wissen. »Was hat er denn Schlimmes getan?« Ich habe ihm die Zahl seiner Opfer genannt, so unfassbar sie klingt: »Er hat sechs Millionen Menschen ermorden lassen.« Dass auch Kinder wie er, Mädchen wie Anne Frank, darunter waren, ließ ich unerwähnt. Dann war unser Auto an der Reihe in der Waschanlage.

Den perfekten Moment für ein Gespräch über den Holocaust gibt es vermutlich nicht. Vielleicht ist das die pädagogisch wichtigste Lektion, die man als Eltern beachten sollte.

FREIRÄUME

Im Hobbykeller

Zu den wenigen willkommenen Nebenwirkungen der Coronapandemie gehört die Ausbreitung des Konzepts »Homeoffice«. Vor der Zeit diverser Lockdowns und »Wir bieten leider nur Notbetreuung an«-Mails unserer Kita, wäre es mir nicht eingefallen, von zuhause aus zu arbeiten. Dabei hat sich mein Job wenig verändert in den letzten Jahren. Ich schreibe Texte, redigiere Artikel, nehme an Konferenzen teil und besuche dazwischen Veranstaltungen wie CSU-Parteitage oder Pressekonferenzen des Deutschen Alpenvereins.

Ich liebe mein kleines SPIEGEL-Büro in der Münchner Innenstadt mit Blick auf einen riesigen Ahornbaum und das rot geziegelte Stadtmuseum gegenüber. Um an den täglichen Konferenzen in Hamburg oder Berlin teilzunehmen, brauche ich aber – strenggenommen – nur eine funktionierende Internetverbindung. Bis vor fünf Jahren wurden die Stimmen und Ideen von Mitarbeiterinnen wie mir, die von einem der SPIEGEL-Außenbüros in München, Leipzig oder Frankfurt arbeiteten, noch per Telefon in die Hamburger Konferenzräume übertragen. Trotzdem saß ich nicht zuhause auf dem Badewannenrand, um per Handy den länglichen Ausführungen oder hitzigen Diskussionen zur Tagespolitik zu folgen. Jeden Morgen zwängte ich mich in die volle S-Bahn, um pünktlich zur Morgenkonferenz am Festnetztelefon im Altstadtbüro zu sitzen. Eigentlich total irre.

Inzwischen arbeite ich in der Regel an zwei bis drei Tagen im Homeoffice, weil es produktiver ist, ab 8 Uhr Texte zu redigieren und Konferenzen vorzubereiten, statt zur selben Zeit in der vollgestopften S-Bahn Musik oder Podcasts zu hören. Könnte ich mich in mein kleines, gemütliches und ruhiges SPIEGEL-Bürozimmer in der Münchner Innenstadt beamen, würde ich das täglich tun. Solange ich auf öffentliche Verkehrsmittel angewiesen bin, bevorzuge ich meinen Schreibtisch im Arbeitszimmer am Münchner Stadtrand. Dabei gibt es dort nicht mal Tageslicht, weil ich meinen Heimarbeitsplatz im Keller eingerichtet habe.

Früher, in der Generation meiner Eltern, nannte man diesen Ort: Hobbyraum. Man baute eine Sauna, eine Modelleisenbahn oder eine Minibar mit Dartscheibe und Zapfanlage hinein. Mein Mann und ich haben lange mit dem Gedanken gespielt, aus dem hin und wieder als Gästezimmer und Abstellfläche genutzten Raum im Keller eine Art Heimkino zu machen. Dann kam die Coronapandemie, und plötzlich brauchte jeder von uns ein eigenes Arbeitszimmer, dessen Türe man bei Bedarf schließen konnte, also wurde aus unserem Hobbyraum mein Homeoffice.

Häufig bin ich ohnehin vor Ort in der Hamburger oder Berliner SPIEGEL-Zentrale. Mein lieb gewonnenes Altstadtbüro besuche ich in manchen Monaten nur drei- oder viermal. Man könnte meinen, ich bräuchte es gar nicht mehr. Was nicht stimmt. Ohne diesen wichtigen Fluchtpunkt und Freiraum im Alltag als Ressortleiterin und Mutter, würde ich das Vereinbarungschaos oft nicht überleben.

Ja, die Erfindung des Homeoffice war eine gute Sache. Jedes Plus an Flexibilität tut Familien in der Regel gut. Nur leider hat die unendliche Leichtigkeit des Überall-Arbeitens in meinem Fall dazu geführt, dass die Aufgaben nie enden. Die Grenze zwischen Arbeit und Freizeit, die früher das Treppenhaus zwischen Münchner SPIEGEL-Büro und dem Ausgang Richtung Viktualienmarkt im Erdgeschoss markiert hat, ist löchrig geworden. Früher bedeutete der Satz in Mails an meine Chefs »Ich bin krank und bleibe zuhause«, dass ich arbeitsunfähig bin. Heute heißt er so etwas wie: »Ich fühle mich nicht fit und schau mal, was ich im Homeoffice vielleicht trotzdem erledigen kann.«

Das Gefühl für Raum und Zeit scheint mir an manchen Tagen zu entgleiten. Vielleicht liegt es am künstlichen Licht im Hobbyraum-Arbeitsplatz, dass ich manchmal wie ein blutleerer Zombie routiniert, aber freudlos durchs tägliche Vereinbarungschaos stolpere. Dass etwas nicht stimmt, merke ich immer dann, wenn mich Kleinigkeiten total aus dem Konzept bringen. Wenn ich vor Wut Zimmertüren knallen lasse, nur weil ich die Krankenkassenkarte unseres Sohnes nicht finden kann. Nachdem ich davor ich in einer Videokonferenz mit der Chefin vor Verzweiflung über das neue Redaktionsprogramm des Verlags in Tränen ausgebrochen bin. Ich hatte einen Artikel nicht pünktlich abliefern können, weil ich an der richtigen Formatierung gescheitert war und ich zwischendurch meinen Text verloren glaubte, dabei hatte ich nur eine falsche Anzeigeoption gewählt. Alles kein Drama, trotzdem fühlte es sich so an.

Eigentlich neige ich nicht zu tränenreichen Dramaqueen-Auftritten. Als aber eines Morgens das Kinderfahrrad vor dem Haus verschwunden war, rannte ich weinend ins Wohnzimmer, weil ich dachte, es sei gestohlen worden. Dabei war es nur bei der Reparatur. Hatte ich total vergessen. Eine andere Vergesslichkeitspanne verhinderte eine der namenlosen Kindergärtnerinnen meines Sohnes, die mich darauf hinwies, dass die Kinder erst am 31. Oktober an fremden Türen um Süßigkeiten betteln. Ich hätte den Jungen sonst einen Tag zu früh als Batman verkleidet bei den Nachbarn klingeln lassen.

Schon komisch, dass ich mich durch die Arbeit im Homeoffice nicht automatisch entlastet fühle. Die fehlende Pendelei zwischen Büro und Zuhause könnte ja neue Zeitreserven freilegen. Aber statt mehr Luft oder häufigere Pausen habe ich eine nicht enden wollende

Aufgabenliste im Kopf. Kollegen zurückrufen, Friseurtermin für den Sohn ausmachen, Telefoninterview führen, Wäsche in den Trockner, Leitartikel für morgen redigieren, Hemden bügeln. Kaum habe ich zwei Dinge erledigt, ploppen vier neue auf. Durch die Gleichzeitigkeit von Homeoffice und Haushalt hört die Arbeit nie auf.

Hinzu kommt, dass sich mein beruflicher Alltag durch die vielen neuen Krisen und Kriege in der Zeit nach der Coronakrise stark beschleunigt hat. Manchmal verändert sich die Nachrichtenlage so schnell, dass Abgabefristen von Tagen auf Stunden zusammenschrumpfen. Was früher Feierabend war, ist heute Arbeitszeit. An mindestens drei Abenden die Woche schreibe oder redigiere ich Texte bis mitten in die Nacht. Dafür gehe ich mittags schnell Milch kaufen oder repariere das Kinderfahrrad, das sich leider nicht reparieren lässt – weswegen ich es offenbar in die Reparatur gegeben habe.

Über zu viel Arbeit will ich mich auch gar nicht beschweren. Schließlich gibt es auch in einer Stadt wie München genug Menschen, die zu wenig davon haben: Der Mann unserer Nachbarin war als Koch in einer Firmenkantine erst in Kurzarbeit, dann kündigte er von sich aus, ist aber im neuen Job unglücklich. Eine befreundete Hochzeitsfotografin bangt um Aufträge, weil das Geld vieler Paare nicht mehr so locker sitzt wie früher. Ein Vater aus der Schule unseres Sohnes verdient seinen Lebensunterhalt mit dem Aufbau von Weihnachtsmärkten und Kirmesbuden. Weil viele im

Umland von München aber ihr Geschäft aufgegeben haben, erhält er in manchen Monaten gar keinen Lohn.

Inzwischen empfinde ich es als großes Privileg, mich hin und wieder in mein Büro am Viktualienmarkt zurückziehen zu können. Einfach, weil ich dort meine Ruhe habe und konzentriert einen Job nach dem anderen erledigen kann. Hoch die Hände, Wochenende! So jubeln nur Menschen ohne Kinder. Ich denke häufig: »Hurra, endlich Montagmorgen! Gleich fahre ich mit der stets zu späten S-Bahn ins Büro und atme den Duft der Freiheit!«

Eigentlich sollte es neben dem Recht auf Homeoffice, für das sich Arbeitsminister Hubertus starkgemacht hat, auch eine Art Recht geben, sich außerhalb der Familie aufzuhalten – ohne gleich als Rabenmutter oder Egovater zu gelten. Ich finde auch nicht, dass es egoistisch oder verantwortungslos ist, den Partner für ein paar Tage mit den Kindern allein zu lassen, um zum Beispiel mit einer Gruppe Freundinnen übers Wochenende in die Berge zu fahren. Vielleicht, wenn unser Junge älter ist, kommt eines Tages die Zeit zurück, in der man neben Arbeit, Kind, Familie und Freundschaften auch so etwas wie eigene Hobbys pflegen kann? Ich wüsste gar nicht, für welche Freizeitbeschäftigung ich den Kellerraum nutzen könnte – außer für Homeoffice, Überstunden oder passives Seriengucken nach getaner Arbeit. Ich scheitere schon daran, eine Volleyballmannschaft zu finden, mit der man im Westen von München einmal die Woche zum Spaß ein paar Bälle übers Netz schlagen kann. Nach einem Chor, der auf Anfänger-Niveau klassische Werke singt statt fetzige Feten-Hits, suche ich auch vergeblich. Regelmäßig dort dann zum Training oder zur Probe zu erscheinen, bewegt sich völlig außerhalb meiner Vorstellungskraft.

Mein Mann ist bei der Hobbysuche kreativer, disziplinierter und vielleicht auch mutiger als ich. Er tritt nach Feierabend neuerdings auf Comedybühnen auf. Entweder er bringt die Zuschauer zum Lachen – oder er wird ausgelacht. Schweiß auf der Stirn könnte er mit einer Sauna im eigenen Haus leichter hervorrufen. Aber würden wir uns für Wellness als Kellerhobby entscheiden, müsste ich meinen Homeoffice-Schreibtisch ins Wohnzimmer stellen. Die Entgrenzung zwischen Arbeit und Privatleben wäre dann perfekt. Aber vermutlich nicht schöner.

Wenn Sie mehr verdient als Er

Man bereue auf dem Sterbebett nicht das, was man getan habe, sondern das, was man nicht getan habe. So begründete mein Mann seine Entscheidung, lustige Geschichten künftig nicht mehr nur Familie und Freunden, sondern auf Stand-up-Bühnen zu erzählen. Sein Schritt war richtig, mutig und längst überfällig. Comedy war schon immer sein Hobby, aber vor dem Scheinwerferlicht war er meist zurückgezuckt. Ich fand es großartig, dass er jetzt seine Angst vor dem Scheitern überwunden hatte, Neues ausprobierte und von seinem Humor nicht nur mein Sohn und ich am Abendbrottisch profitierten.

Und dennoch begann mit seinem neuen Hobby eine spannungsreiche Phase unserer Beziehung. Mit einem Mal hatte er deutlich weniger Zeit für seine andere Passion: die besser bezahlte Arbeit als App-Architekt. Folglich bewegten wir uns zum ersten Mal in unserer gemeinsamen Beziehung auf unterschiedlichen Gehaltsstufen. Verdiente er in den vergangenen Jahren meist knapp mehr als ich, war nun ich die Hauptverdienerin.

Überraschend anfallende Rechnungen oder Urlaubsbuchungen teilten wir uns neuerdings nicht mehr. Die beglich jetzt ich. Gleichzeitig hatte mein Mann tagsüber mehr Zeit als sonst – seine Auftritte fanden ja meist nach Sonnenuntergang in Bars oder auf Kleinkunstbühnen statt – und erledigte deutlich häufiger als ich Einkäufe oder gemeinsam mit unserem Sohn die Hausaufgaben. Es lief also alles so wie in vielen Familien mit jungen Kindern – nur dass wir nicht die klassische Aufteilung der Geschlechter gewählt hatten: sie schafft, er verdient.

Bei uns tendierte die Grundstimmung innerhalb der Familie ins Unlustige, seitdem wir nicht mehr das Gleiche verdienten und auch nicht mehr gleich viel Zeit für Haushalt und Kind aufwendeten. Es fielen neuerdings Sätze wie: »Ich bin doch kein Hausmann. Wann leerst du eigentlich mal wieder den Staubsaugerroboter?« Ich dachte mir dann (und sagte es vielleicht auch mit meinem Blick oder anderen undiplomatischen Ausdrucksformen): »Soll das der Dank dafür sein, dass ich mit meinem Gehalt inzwischen die gemeinsamen Ausgaben decke?« Plötzlich stritten wir mehr als sonst.

In den Jahren und Jahrzehnten davor gab es nur eine Sache, wegen der es regelmäßig Krach gab. Eine weit zurückliegende Folge einer »Wer wird Millionär?«-Sendung mit Günter Jauch. Die Geschichte der bei »Wer wird Millionär?« gescheiterten Kandidatin, die nicht wusste, was sich auf »Gott erhalt's« reimt und »Zucker und Salz« logischer fand als »Hopfen und Malz«, »Butter und Schmalz« und »Rheinland-Pfalz«, gehört eigentlich zu den ersten gemeinsamen Lachern unserer Beziehung. Der fromme Wunsch »Gott erhalt's!« ist deshalb eine heitere Konstante unserer Familienkommunikation. Statt den Sohn freundlich zu bitten, sich wärmer anzuziehen bei minus acht Grad Außentemperatur, sagen wir: »Lange Unterhose, Gott erhalt's!«

Mein Mann behauptet allerdings bis heute felsenfest, er habe mir bei einem unserer Dates von der armen »Wer wird Millionär?«-Frau erzählt. Ich dagegen bin mir sicher, dass ich ihm damals von der glücklosen Dame in einer Passauer Studentenkneipe berichtet habe und er die Story seitdem so oft wiederholt hat, dass er sich inzwischen einbildet, Jauchs »Hopfen und Malz«-Folge mit eigenen Augen vor dem Fernseher verfolgt zu haben.

Ihn ärgert diese – aus seiner Sicht – fiese Unterstellung sehr. Streit gibt es dann zum Beispiel immer wieder über die Frage, wem der Lohn dafür gebührt, dass inzwischen auch unser Sohn ein schallendes »Gott erhalt's« in den Raum ruft, wenn irgendwer in egal welchem Kontext Zucker und Salz aufzählt, Rheinland-Pfalz erwähnt, im Kühlschrank Butter und Schmalz sucht oder über Hopfen und Malz spricht.

Um den anderen Lohn – also um materielle Dinge wie unser Gehalt – haben wir uns noch nie gestritten. Das mag daran liegen, dass wir lange Jahre ähnlich viel verdient haben, bis heute jeder von uns ein eigenes Konto besitzt und sich keiner vor dem anderen je rechtfertigen musste, Gelder aus einem gemeinsamen Topf für privaten Luxus wie teure Schuhe oder goldene Handys von Apple geplündert zu haben. Zu der Zeit, als wir unsere erste gemeinsame Wohnung bezogen, notierten wir noch jede Anschaffung für den Haushalt und jeden Supermarkteinkauf, um am Ende des Monats abzugleichen, wer womöglich in wessen Schuld stand. Doch mit unserem in ähnlicher Höhe anwachsendem Einkommen und spätestens seit der Geburt unseres Sohnes vernachlässigten wir diese Praxis.

Inzwischen legen wir ein für viele Familien typisches Verhalten an den Tag: Über Geld wird nicht viel geredet. Weil: Aufrechnen, abrechnen, Kontoauszüge und Rentenbescheide zu vergleichen, ist unromantisch. Ehevertrag? Haben wir nicht. Wenn es stimmt, was eine Befragung der Stellenplattform Stepstone ergeben hat, kennen ein Drittel der Deutschen die Höhe des Einkommens des Partners oder der Partnerin nicht. Auch ich gehörte plötzlich dazu.

Es tat sich zum Glück kein Haushaltsloch auf, das wir stopfen mussten. Mit meinem höheren Gehalt als fest angestellte Redakteurin und seinem eine Zeit lang geringeren Einkommen als selbstständiger Humorfacharbeiter kamen wir gut über die Runden. Aber das Aufrechnen war plötzlich noch anstrengender als früher, als ich noch ein schlechtes Gewissen gehabt hatte, weil ich zwei Abende in Folge keine Zeit fürs abendliche Vorsingen fand. Neuerdings hielt ich es für mein gutes Recht, zwei oder drei Tage auf Dienstreise nach Berlin zu fahren und mich in der Zwischenzeit auf die Care-Arbeits-Künste meines Mannes zu verlassen. Schließlich verdiente ich ja auch mehr Geld. Kaum war ich wieder zuhause, wurde ich deswegen aber nicht freudig empfangen, sondern mit Vorwürfen konfrontiert, dass ich ruhig auch mal wieder ein paar Sachen zum Wertstoffhof bringen könnte auf dem Weg zur Arbeit und außerdem schon wieder vergessen hätte, der Putzfrau zu sagen, sie solle bitte das Wohnzimmer nicht staubsaugen, denn das übernimmt unser Putzroboter mit dem nervigen Warnton.

Wie halten das eigentlich andere Familien aus, in denen ungleiche Gehälter zum Normalzustand gehören? Eine Freundin, die erst kürzlich mit ihrem Freund zusammengezogen ist, der noch in der Ausbildung ist und deshalb deutlich weniger verdient als sie, erzählte, sie wolle ein gemeinsames Konto einrichten. Die Frage sei nun aber, wie man es befülle. Sollte jeder den genau gleichen Betrag einzahlen, der wäre dann aber recht niedrig? Wäre es gerechter, wenn beide den gleichen Prozentsatz des Gehalts einzahlen? Oder sollte man eine Art monatliches Privatvermögen vereinbaren, zum Beispiel 600 Euro, die jeder auf seinem eigenen Konto behalten darf. Alle Überschüsse wandern aufs gemeinsame Haushaltskonto.

Was die Sache im Fall meiner Freundin und mir womöglich erschwert, ist auch der Rechtfertigungszwang, unter dem unsere Männer bewusst oder unbewusst stehen. Sie entsprechen der gesellschaftlichen Norm nicht. In Deutschland herrsche »faktisch nach wie vor das Modell des männlichen Ernährers« beziehungsweise der Frau als bloßer Zuverdienerin, heißt es in einer Studie der Bertelsmann Stiftung aus dem Jahr 2020. Obwohl »Frauen Männern hinsichtlich ihrer Qualifikation für den Arbeitsmarkt in nichts nachstehen«, seien sie häufiger nur in Teilzeit oder gar nicht erwerbstätig.

Im Weihnachtsspecial von »Wer wird Millionär?« im selben Jahr wollte Günther Jauch für 64 000 Euro vom Kandidaten wissen: »Wie viel Prozent der Mütter von Kindern unter drei Jahren waren 2022 hierzulande berufstätig?« Die Joker konnten dem Ahnungslosen nicht weiterhelfen. Also zockte er und tippte zwischen »circa 11 Prozent«, »rund 25 Prozent«, »über 55 Prozent« auf die richtige Antwort: »knapp 40 Prozent«. Eigentlich kein schlechter Wert. Aber: Zur Millionärin werden es nur sehr wenige Mütter bringen. Eine Frau mit Kind verdient gut 40 Prozent weniger als eine Kinderlose, heißt es jedenfalls in der eben erwähnten Bertelsmann-Studie. Das ist doch nicht gerecht! Wo bleibt der Aufstand der Mütter? Offenbar scheinen sich viele im System der finanziellen Ungleichheit besser eingerichtet zu haben als mein Mann, der nach jedem seiner Comedy-Auftritte total glücklich nach Hause kommt, aber zu Beginn des

Jahres wieder damit begann, die gut dotierten Aufträge als App-Architekt anzunehmen.

Die Aussicht auf mehr gemeinsames Lachen freut mich natürlich. Sollte unsere Ehe jemals scheitern, dann bitte nicht am ungleich verteilten Geld oder am nervigen Aufrechnen. Sondern wenn, dann am Streit darüber, wer damals wem die Geschichte von Jauchs Möchtegern-Millionärin erzählt hat.

Blick ins alte Tagebuch

Wann es mal wieder Zeit für eine Auszeit im Büro oder, ähnlich gut, in einem kleinen Hotel in den Bergen ist? Das beste Frühwarnsystem für ungesunden Stress ist mein Tagebuch. Vor allem die leeren Seiten darin. Normalerweise schreibe ich jeden Tag mehrmals. Meistens nur wenige Worte. Über die unverschämte Mail eines Kollegen, den überraschenden Anruf einer alten Freundin oder den Waldspaziergang zur Knochenstampfmühle. Was für ein furchterregendes Wort. Alles, was aus dem Alltag hervorsticht, versuche ich zu notieren.

Der erste Tagebuchtext meines Lebens umfasst stolze 16 Seiten. Eine »atemberaubende Show« galt es damals, im Jahre 1997, zu dokumentieren: Die Milchbubigesichter auf den »Bravo«-Postern an den Wänden meines Kinderzimmers hatten sich in Fleisch und Blut, in Schweiß und Schmalzstimme verwandelt. Das Konzert der Backstreet Boys sollte in Schönschrift und Endlosschleife auf Papier verewigt werden. Mein 14-jähriges Ich erzählt die Geschichte von fünf »total süßen« Jungs, die eine

»abnormal coole Tanzaction abliefern«, dann aber »voll den Beschiss abziehen«, weil Kevin beim Lied »10 000 Promises« nur so tut, als würde er selbst Klavier spielen.

Die Erregung von einst treibt mir heute die Schamröte ins Gesicht. Dennoch bin ich den Backstreet Boys zu ewigem Dank verpflichtet. Ihre kitschigen Schnulzen verhalfen mir zur Erkenntnis: Tagebuchschreiben macht glücklich. Die Tintenpatrone erlöste mein klopfendes Teenagerherz. Immer, wenn ich in der Folgezeit nicht wusste, wohin mit meinen Gefühlen, schrieb ich sie auf.

So mache ich das bis heute. Waren die Spiralblöcke, Hefte und Blattsammlungen in meinem Bücherregal anfangs eher ein Abklingbecken für die verstrahlten Gedanken einer Pubertierenden, nutze ich mein Tagebuch heute als Stromableiter für Hirnaktivitäten aller Art. Der Effekt ist stets derselbe: Mein Kopf wird klar, das Rauschen des Alltags verschwindet. Ich kann tiefer ausatmen und schneller einschlafen.

Seit zwanzig Jahren fülle ich nun Bücher mit Buchstaben. Als den anderen ihre Tagebücher peinlich wurden, schrieb ich einfach weiter. Klar, es gibt auf dieser Welt verheißungsvollere Entspannungsmethoden. Yoga im Morgengrauen, die Zigarette danach, ein Tag im Büro oder der erste Atemzug Frischluft nach zehn Minuten finnischer Sauna. Mach ich alles gern – aber nichts lässt mich meine inneren Kräfte so effizient bündeln wie der kurze Dialog mit mir selbst. Beim Tagebuchschreiben forme ich Bilder in meinem Kopf. Empfindungen wie Hoffnung, Angst, Ärger oder Freude werden mir oft erst in dem Moment bewusst, in dem ich sie formuliere. Über einen längeren Zeitraum entstehen aus den Momentaufnahmen authentische Spiegelbilder.

Gut möglich, dass man sich über die Person erschreckt, die einen aus alten Tagebucheinträgen anblickt. Unbequeme Wahrheiten – besonders die über sich selbst – möchte man in der Rückschau gern verdrängen. Meine jugendliche Begeisterung für Boybandpop ist ein harmloses Beispiel. Ohne das Tagebuch aus dieser Zeit hätte ich die Erinnerung an diese Episode längst gelöscht. Dabei war sie ein wesentlicher Bestandteil meiner jugendlichen Identität.

Früher schrieb ich am liebsten abends oder noch lieber nachts: Wehklagen über verflossene Lieben sind so entstanden, genauso wie die wütende Konsumkritik nach dem ersten Besuch in einem Berliner Lidl angesichts »aufgeplatzter Krokettenpackungen in der Tiefkühltruhe«. Heutzutage fehlt mir die Zeit für lange Besinnungsaufsätze, und seitdem ich Mutter bin, fehlt mir zudem permanent Schlaf. Ich schreibe also lieber tagsüber – und zwar nicht auf Papier, sondern per App.

Day One heißt das Programm auf meinem Smartphone, das ich mehrmals am Tag mit kleinen Alltagsbeobachtungen, Lieblingsfotos oder kurzen Gefühlsausbrüchen füttere. »Baby unter Gardine begraben«, »Höllischer Muskelkater«, »Streit um Liebesschlösser auf Instagram«, »Erster Comedyauftritt von Sebastian«

tippe ich dann in die Tastatur. Per Diktierfunktion kann ich sogar auf der Rolltreppe oder während eines Spaziergangs im Park Tagebuch schreiben. Auf diese Weise entsteht keine große Literatur. Aber darum geht es mir beim Tagebuchschreiben auch nicht.

Es ist eher so: Je älter ich werde, desto schneller rast die Zeit an mir vorbei. Das tägliche Diktat fürs digitale Tagebuch gibt mir die Möglichkeit, das Hamsterrad, in dem ich meine Runden drehe, einen kurzen Moment auf Zeitlupe zu schalten. »Das war mir heute wichtig.« Nichts anderes erzählen meine kurzen Einträge. Sie helfen mir, meinen Alltag und meine verschiedenen Identitäten zu ordnen. Ich bezweifele, dass es ein einziges authentisches Ich gibt. Ich bin viele. An einem Tag Karrierefrau, am anderen Supermutter. Oder in schlechten Wochen montags der Sündenbock, mittwochs der Depp vom Dienst und freitags ein Häuflein Elend. Meinem Tagebuch kann ich nichts vormachen.

Eine Studie der University of California hat gezeigt, dass das Schreiben über die eigenen Gefühle dem Gehirn hilft, seine Emotionen zu regulieren. Die Selbstheilungskräfte, die das Tagebuchschreiben entfalten kann, werden auch »Bridget-Jones-Effekt« genannt. Doof nur, dass nicht nur negative Emotionen durchs Aufschreiben kleiner werden. Auch die guten Gefühle verlieren, so das Fazit des amerikanischen Psychologieprofessors Matthew Lieberman, an Intensität, sobald man sie zu Papier bringt. Auch in meinen insgesamt zwölf Tagebuchbänden im Bücherregal besiegt die Schwermut meistens den Schöngeist. Wer permanent im Einklang mit sich selbst ist, verspürt wohl keinen Drang zum Schreiben. Schöne Momente konserviere ich lieber in Fotos oder ausgeschnittenen Schnipseln statt in Worten. Die Kniffel-Gewinnkarte als Andenken an einen Campingurlaub mit Freunden hat im Innern meines Tagebuchs sieben Umzüge überlebt.

Manchmal ertappe ich mich bei dem Gedanken, dass in 200 Jahren ein Kind des Kindes meines Kindes meine Tagebücher auf irgendeinem Dachboden findet und über die Welt, in der wir heute leben, staunt. Vielleicht liest dieser Mensch aus der Zukunft genau die Stelle vom ersten Treffen seiner Vorfahren, und mein Mann und ich erstehen für den Bruchteil ein paar geblätterter Seiten von den Toten auf. Ich persönlich kann meine eigene Familiengeschichte kaum länger als zwei Generationen zurückverfolgen. Wie zum Beispiel der Vater meines Opas, dessen Vornamen unser Sohn trägt, mit Vornamen geheißen hat, weiß ich nicht zu sagen.

Zwar kann ich mir kaum vorstellen, dass irgendwer außer mir Spaß an der Lektüre meiner Zeilen haben könnte. Aber wer weiß, ob sich Forscher nicht irgendwann einmal für Dokumente aus der Zeit interessieren, in der die Menschen noch ihr Essen in Discount-Supermärkten gekauft haben.

Mir fällt nur ein einziger Mensch ein, der mein Tagebuch zu Lebzeiten zu Gesicht bekommen hat: Meine kleine Schwester hatte es aus meinem Kinderzimmer geklaut, dann aber vergessen, es wieder in meine Schreibtischschublade zurückzulegen. Es ist schon lange her, aber ich erinnere mich noch sehr gut an den Schock, den ich erlitt, als ich mein Tagebuch auf dem Zeitschriftenstapel im Klo entdeckte. Aufgeschlagen war der Text über das Backstreet-Boys-Konzert.

Wäre ich in Teilzeit glücklicher?

An seinem siebten Geburtstag wurde unser Junge um 5.55 Uhr wach. Viel zu früh. Er war aufgeregt, weil er Süßigkeiten mit in die Schule nehmen durfte. »Aus meiner Sicht hatte er viel zu viel dabei«, notierte ich streng ins Tagebuch. Für jeden Mitschüler eine Doppelpackung Hanuta und drei Brausewürfel. Ich wunderte mich damals, dass man keinen selbst gebackenen Kuchen mitbringen durfte – so wie ich das aus meiner eigenen Schulzeit gewohnt war. Waren das noch Nachwehen der Coronapandemie?

Insgeheim, das verrät mein Tagebuch auch, war ich allerdings froh darüber, dass ich nicht noch im Morgengrauen oder spät nachts Muffins oder einen Marmorkuchen für die ganze Klasse backen musste. Eigentlich hätte ich gerne am Tag vor seinem siebten Geburtstag, dem ersten nach zwei Jahren Pandemiepause, in denen ohne andere Kinder gefeiert werden musste, frei genommen. Um einzukaufen, aufzuräumen, Geschenke einzupacken und in Ruhe zu backen, was ich sehr gerne mache, wenn nicht gerade am Tag vor dem Geburtstag des Jungen Redaktionsschluss beim SPIEGEL ist, weil ein neues Heft in den Druck muss.

Eigentlich hätte ich auch gerne in Ruhe das Notizbuch meiner Mutter studiert, in dem sie lauter Spiel- und Bastelideen für Kindergeburtstage gesammelt hat, als sie in meinem Alter war. Stattdessen habe ich bis kurz vor Mitternacht gearbeitet. Die Geburtstagsfeier am Wochenende stieg auch nicht wie in meiner Tübinger Kindheit zuhause mit Büchsenwerfen, Topfschlagen oder Omas Ananaskuchenrezept, sondern mit Pizza und Pommes im Indoor-Spielplatz am Stadtrand. Unseren Sohn freute es, aber ich fühle mich gescheitert.

Ich wäre gern die Mutter, die ich selbst hatte. Mit Zeit, Geduld und Muße die tollsten Kindergeburtstage vorzubereiten. Ideal wäre, ich hätte es wie meine Mutter gemacht, die ja rund zehn Jahre ihren Beruf als Biologie- und Sportlehrerin pausierte, bevor sie mit einem halben Lehrauftrag zurück ans Gymnasium ging. Ich hingegen arbeite Vollzeit. Wie so viele Frauen in meiner Lebenssituation könnte ich meine Arbeitsstunden reduzieren. Teilzeitarbeit macht in Deutschland mehr als ein Viertel der Gesamtbeschäftigung aus. Ich wäre also in guter Gesellschaft.

Aber wer wie ich schwer abschalten kann, und einen Job hat, den man von praktisch überall, notfalls auch am kleinen Handy-Bildschirm, erledigen kann, dem nutzt Teilzeit wenig. Vielleicht hätte ich meine Stundenzahl nach der Elternzeitpause deutlicher zurückfahren müssen statt kurzzeitig von fünf auf vier Tage, um merklich mehr Freiräume fürs Kuchenbacken und Muße für ein Bastelnotizbuch zu haben. Mit mehr mütterlicher Zeit und Geduld würde sich der Sohn vielleicht längst selbst die Socken anziehen und allein sein Zimmer aufräumen. Um die wertvolle Familienzeit am Wochenende nicht mit Aufräumaktionen in Zeitlupe oder Streit zu belasten, helfe ich nämlich häufig mit, das Chaos in seinem Zimmer zu beseitigen.

Ich will nicht sagen, dass ich in Teilzeit eine bessere Mutter wäre, aber sicher hätten meine pädagogischen Fähigkeiten mehr Platz zur freien Entfaltung. Wäre ich vielleicht sogar glücklicher? Das Delta Forschungsinstitut hat im Auftrag des Bundesfamilienministeriums herausgefunden, dass 82 Prozent aller Frauen in Teilzeit gern in diesem Modell arbeiten. Das ist ein beachtlich hoher Wert. Und es klingt ja auch traumhaft, sich sowohl im Job als auch in seiner Rolle als Mutter selbstverwirklichen zu können – ohne dass sich diese zwei Welten, wie so oft in meinem Alltag, gegenseitig Konkurrenz machen. Wer Teilzeit arbeitet, der hat womöglich mehr »Sowohl als auch«-Optionen in seinem Leben. Bei mir laufen Entscheidungen häufig nach dem Muster: »entweder oder«.

Was allerdings werden diese in Umfragen so glücklich wirkenden Teilzeitfrauen sagen, wenn ihre Ehe nicht bis ins Rentenalter besteht und dann Altersarmut droht? Laut einer Studie der Bertelsmann Stiftung liegt das erwartete Lebenseinkommen von heute dreißigjährigen Frauen in Westdeutschland bei rund 830 000 Euro, während Männer mit durchschnittlich rund 1,5 Millionen rechnen können. Das liege nicht am Gender Pay Gap, sondern an den Arbeitspausen und geringeren Arbeitszeiten in den Erwerbsbiografien von Frauen. So jedenfalls steht es in Jutta Allmendingers Buch »Es geht nur gemeinsam«.

Davon abgesehen, bin ich nicht nur aus vollem Herzen gern Mutter, sondern auch Journalistin. Es ist zuweilen ein sehr kompetitiver Job, in dem man mit jedem Jahr besser wird. Wie in so vielen Berufen. »Ich habe hart dafür gearbeitet«, sagte Deutschlands First Lady Elke Büdenbender, die Frau von Bundespräsident Frank-Walter Steinmeier kürzlich in einem Interview mit der »Süddeutschen Zeitung«, als sie begründete, warum sie aus Schloss Bellevue zurück ins Richteramt wechseln möchte. Büdenbender fände »es falsch mir selbst gegenüber, das nicht zu machen. Auch wenn mein Mann wiedergewählt wird.«

Sie könne »immer nur eine Sache richtig gut machen«, hatte Büdenbender noch erklärt, als sie den Richterberuf an den Nagel hängte, um fortan Ehefrau des Bundespräsidenten zu sein. Im Jahr 2022 kehrte sie zurück ans Berliner Verwaltungsgericht – in Teilzeit. Meine »Ganz oder gar nicht«-Strategie brachte das leicht ins Wanken.

Wäre ich in Teilzeit glücklicher? Nein, denn eigentlich

nehme ich gar nicht meine eigene Vollzeiterwerbstätigkeit als Belastung wahr, sondern mir fehlt eine bezahlbare Nanny, Großeltern in Nachbarschaftsnähe oder ein Comedian, der mir den Rücken freihält – und dabei möglichst mindestens genauso viel verdient wie ich. Ein Hausmann an meiner Seite wäre praktisch, das Modell »er Teilzeit, ich Vollzeit« hat leider den Praxistest nicht überstanden. Vielleicht fehlt es nicht nur uns, sondern der ganzen Gesellschaft an Praxis. Männer ohne Vollzeitjob, die stattdessen Haushalt und Kinder managen? Gewöhnlich ist das nicht. Mein Mann jedenfalls fühlte sich unwohl in dieser Rolle.

Jutta Allmendinger, die Präsidentin des Wissenschaftszentrums Berlin, bemängelt zu Recht, dass die Politik zwar viele Anreize setze, damit Frauen nach der Geburt schnell an ihren Arbeitsplatz zurückkehren können. Was aber fehle, seien Anreize für Männer, mehr Teilzeit zu arbeiten – auch von der Ampelregierung werde das leider nicht angestrebt. Familien droht langfristig der Kollaps, wenn sich die Erwerbsbiografien von Müttern immer mehr denen der Vollzeit arbeitenden Väter angleichen, ohne dass diese wiederum Arbeitszeit reduzierten.

Am besten wäre es wohl, mein Mann und ich würden beide unsere Arbeitszeit um, sagen wir, einen Tag die Woche reduzieren. Ich kann gut verstehen, warum Forderungen nach einer Viertagewoche immer lauter werden in Deutschland. Kaum eine Tarifverhandlung, in der nicht danach gerufen würde. Was zu Beginn des vergangenen Jahrhunderts der Achtstundentag war, ist heute die Viertagewoche. Und dennoch hat sie einen zweifelhaften Ruf. Sie ruiniere die kriselnde deutsche Wirtschaft, heißt es häufig, und sie verschärfe den Fachkräftemangel. Deutschland verwandele sich in eine Gesellschaft der Inaktiven, das Land verliere international Anschluss, dämmere weg. Dabei geht die Rechnung in vielen Familien doch so: Arbeitet er weniger, kann sie Stunden aufstocken.

Doch wie bewegt man Männer dazu, Teile ihrer gut bezahlten Vollzeitarbeit und wohl verdienten Freizeit in unbezahlte Care-Arbeit zu verwandeln? Hier kommt die Viertagewoche ins Spiel. Wäre die 32-Stunden-Woche das »Neue Normal« in Deutschland, so wie es unter anderem Allmendinger schon lange vorschlägt, hätten Paare die Chance, Berufstätigkeit, Kindererziehung und Pflege von Angehörigen gerechter aufzuteilen als bisher. Würden Frauen mehr und Männer weniger arbeiten als derzeit üblich, könnte das viel verändern in Deutschland. Womöglich würden sich nicht nur die finanziellen und gesellschaftlichen Machtverhältnisse zwischen Frauen und Männern angleichen. Vermutlich würde auch die deutsche Wirtschaft in Schwung kommen.

Als Robert Bosch in seinen Stuttgarter Fabriken als einer der ersten Industriellen des Landes 1906 den Achtstundentag einführte, passierte jedenfalls etwas, womit kaum jemand gerechnet hatte: Die Produktivität erhöhte sich.

Von den Vorteilen der Großfamilie

Glückliche Kinder, Zeit für sich selbst oder Abende zu zweit kann man sich nicht kaufen. Man hat mitunter aber mehr davon als andere Familien, wenn man über einen besonderen Luxus verfügt: fitte Großeltern in Rente, die zwei Straßenecken weiter wohnen.

Leider haben wir das nicht gewusst, bevor wir uns fürs Kindkriegen entschieden haben. Unser Sohn jedenfalls kam in Bayern zur Welt. Seine Omas und Opas aber leben in Baden-Württemberg. Drei Stunden Autofahrt von München nach Tübingen oder von München nach Lauffen am Neckar, wo mein Mann auf die Welt kam, sind keine Weltreise. Aber dennoch eine Distanz, die unseren Eltern spontanes Babysitten, regelmäßige Hausaufgabenbetreuung oder gemeinsames Müsliriegelbacken unmöglich macht.

Es wäre nicht nur sehr nützlich, würden sich die zum Glück sehr rüstigen Großeltern unseres Jungen an seiner Erziehung aktiver beteiligen können. Vielleicht wäre es sogar schön. Ich habe meine Tübinger

Heimat nach der Schule schnell verlassen – aber nicht aus Frust einer 19-Jährigen über verständnislose oder bevormundende Erwachsene im selben Haushalt, sondern aus Abenteuerlust, Neugierde auf die Welt und dem Willen, eigene Wege zu gehen. Ich bin gegangen, weil mich meine Eltern zu einer selbstsicheren und zuversichtlichen jungen Frau erzogen haben. Die sich aufs Zurückkommen jedes Mal freut. Sehe ich die Hochhäuser von Waldhäuser Ost (ich bin nicht in der romantischen Fachwerk-Altstadt von Tübingen aufgewachsen, sondern in einem vom architektonischen Brutalismus der endenden Siebzigerjahre geprägten Neubaugebiet am Stadtrand), schlägt mein Herz schneller.

Ich verbringe gerne Zeit mit meinen Eltern – und auch mit den Schwiegereltern. Es ist sogar schon vorgekommen, dass wir alle gemeinsam in den Urlaub gefahren sind. Vielleicht weil es auf Zeit ist, mag ich das Großfamilien-Feeling. Unser Sohn liebt es. Mit Oma und Opa gibt es nicht nur Extraeiskugeln, Shaun-das-Schaf-Videos zum Frühstück und Matchbox-Autos, von denen er schon ungezählt viele auf dem Boden und unterm Bett in seinem Kinderzimmer liegen hat. Er bekommt auch grenzenlose Aufmerksamkeit und mehr naturwissenschaftliche, kulinarische und musikalische Bildung. Mein Schwiegervater ist ein begnadeter Klavierspieler, meine Schwiegermutter eine kreative Köchin, meine Mutter eine Experimente-Erfinderin und mein Vater ein Autofan wie unser Junge. Jedes Mal, wenn wir uns von Oma und Opa wieder verabschieden müssen, überkommt ihn große Traurigkeit.

Also verbringen wir so viel Urlaub wie möglich gemeinsam mit ihnen. Zum Beispiel vor rund zwei Jahren ein paar Wochen in den Sommerferien auf dem Darß in Mecklenburg-Vorpommern. Dort führte uns der Hunger eines Abends ins »Schipperhus«, ein kleines Restaurant im Ostseebad Dierhagen.

Die Wahl zwischen Senfsoße, Dillsoße oder Meerrettichsoße kann herausfordernd sein. Unser damals sechsjähriger Sohn aber entschied sich schnell: »Igitt«, rief der Junge lautstark durchs Restaurant, »ich will Ketchup zum panierten Fisch.« Den bekam er auch – aber erst, nachdem er sich für seinen unappetitlichen Ausruf entschuldigt hatte.

Vermutlich hätte ich die kleine Unverschämtheit unseres Sohnes zu Beginn der Bestellung längst vergessen, wäre mir nicht kurz darauf das »Schipperhus« in den Schlagzeilen begegnet. »In diesem Restaurant haben Kinder Hausverbot«, titelte die »Bild«-Zeitung. Der Aushang neben der Speisekarte teile neuerdings mit: »Aufgrund vieler unschöner Ereignisse in der Vergangenheit haben wir uns dazu entschlossen, keine Familien mit Kindern unter zwölf Jahren mehr zu bewirten.« Das Problem seien nicht die Kinder, sondern die Eltern, findet die Wirtin: »Die meisten saßen hier und guckten ins Telefon, während ihre Kinder schreiend durchs Lokal rannten.«

Immerhin, zu denen gehörten wir nicht. Dennoch kam ich ins Grübeln: Kann es sein, dass mein Mann und ich Teil einer Elterngeneration sind, die ihre Kinder verzieht statt erzieht? Während der gemeinsamen Urlaubszeit zusammen mit Kind und Großeltern fiel mir jedenfalls auf, dass meiner Mutter strengere Strafmaßnahmen vorschwebten als mir in Momenten, in denen unser Sohn für Ärger sorgte. Zum Beispiel hatte er eines Morgens gegen Mittag immer noch den Schlafanzug an und weigerte sich lauthals, sich Hose und T-Shirt anzuziehen. »Wenn das nicht sofort aufhört, gibt es für den Rest des Urlaubs iPad-Entzug«, schlug meine Mutter vor. Ich zögerte.

Und erzählte ihr von der befreundeten Ergotherapeutin, die mir geraten hatte, ich solle keinen Druck aufbauen mit Ultimaten oder Verboten, sondern den Jungen begleiten bei Tätigkeiten, die er nur mit großem Widerwillen selber erledigt. Meine Mutter schaute skeptisch, als ich ihr das erzählte. Gleichzeitig konnte sie sich nicht daran erinnern, mit mir oder meiner drei Jahre jüngeren Schwester Krisen beim Anziehen oder Zähneputzen durchlitten zu haben. »Ihr Mädchen habt eigentlich immer gespurt«, sagte sie, was mich zur Frage führt: Waren Kinder früher braver oder die Erziehung einfach strikter?

Als Kind hatte ich natürlich kein iPad, aber immer wieder Fernsehverbot – oder ich bekam Zimmerarrest. Als Baby ließ man mich zum Einschlafen zehn Minuten im dunklen Zimmer allein schreien, damit ich mich selbst beruhige. Heute, im Zeitalter der bedürfnisorientierten Erziehung, würde das womöglich als Kindesmisshandlung durchgehen. Ob es mir geschadet hat? Ich glaube nicht.

Schwer zu sagen, wo die Grenze zwischen einer zu strikten und einer zu laschen Erziehung verläuft. Klar ist nur, dass Eltern heutzutage viel kooperativer mit ihren Kindern umgehen als beispielsweise zu Beginn des vergangenen Jahrhunderts, als der Nachwuchs den »Herrn Papa« noch siezen musste und die Prügelstrafe üblich war. Kann es sein, dass wir inzwischen an einem Punkt angelangt sind, an dem das Pendel von zu strikt in Richtung zu locker schwingt?

Wenn ich mir überlege, was meine Mutter vor dreißig Jahren so viel anders gemacht hat als ich, dann denke ich gar nicht an Nutellaverbot oder Fernsehentzug. Mir fällt vor allem eines auf: Sie hatte eben mehr Zeit. Sie konnte sich so etwas wie Geduld leisten. Verzichtete aber auf Gehälter und Karrieremöglichkeiten im Schuldienst. Mein Sohn hingegen hat eine in Vollzeit berufstätige Mutter, die ihr Kind oft erst ab 16 Uhr zu sehen bekommt. Und ja, es ist auch schon vorgekommen, dass ich während eines Essens im Restaurant auf mein Handy geguckt habe, weil möglicherweise der CSU-Generalsekretär gerade zurückgetreten ist. Oder meine Chefin einen Abgabetermin klären wollte.

In den wenigen gemeinsamen Momenten, die ich mit dem Jungen am Tag verbringe, will ich nicht auch noch stundenlang übers Anziehen oder Zähneputzen streiten. Also zwänge ich dem Kind eben selbst die Socken über die Füße und mache damit genau den Fehler vieler Eltern westlicher Kulturen, den die Autorin Michaeleen Doucleff so beschreibt: Man gerate so »in endlose Runden des Aushandelns, in denen die Eltern ihre Autorität verlieren«, statt einfach zu sagen: Tu es bitte selbst! Wir sollten den Nachwuchs viel selbstverständlicher in die Erwachsenenwelt miteinbeziehen, findet Doucleff. Leider ist das nicht so leicht.

Ganz früher, als Restaurants wie das »Schipperhus« noch als Bauernhaus genutzt wurden, wuchsen die Kinder in einer Umgebung heran, in der sie Familien- und Arbeitswelt in einem beobachten konnten. Zudem hatten sie Tanten, Nachbarn und ältere Geschwister, die sich an der Erziehung beteiligten. Heute sind Kinder auf den engen Erfahrungsbereich des Kleinhaushaltes angewiesen. Außer vielleicht in den Momenten, da wir gemeinsam mit den Großeltern in den Urlaub fahren.

Sprung ins kalte Wasser

Ich habe Angst vor dem Meer. Immer schon. Vielleicht hat es damit zu tun, dass meine Mutter Sportlehrerin war und wie alle ihrer Schwestern in ihrer Jugend an Schwimmwettbewerben teilgenommen hat. Eine der Schwestern hat es im Freistil sogar bis zu den Olympischen Spielen der Studenten geschafft.

Ich hingegen mochte das Schwimmen nie. Kaum gelangt mein Kopf unter Wasser, will ich nur noch raus. Als würde ich, warum auch immer, instinktiv das ablehnen, was die mütterliche Seite meiner Familie vorgelebt hat.

Vermutlich darf es mich nicht wundern, dass mein Sohn Lesen und Schreiben ablehnt. Es ist ja das, was er von mir vorgelebt bekommt. Und was ihn von allen Dingen auf dieser Welt am wenigsten zu interessieren scheint. Er springt dafür gerne ins Wasser. Seit Kurzem auch mit Kopf voraus. Die Oma hat es ihm beigebracht. Von den vielen Alltagssorgen, die Eltern von Grundschulkindern in den Sommermonaten plagen, haben wir eine nicht: Unser Sohn kann schwimmen! Das Einzige, was mich unter Druck setzt, ist die wöchentlich wiederkehrende Frage meines Sohnes: »Wann gehen wir ins Freibad?«

Der Neunjährige liebt das blaue Wasser, das lustige Wellenbad und besonders das Becken mit den Sprungtürmen. Kaum konnte er sich über Wasser halten, sprang er vom Einmeterbrett. Kaum konnte er richtige Brustzüge, stürzte er sich vom Dreimeterbrett. Inzwischen klettert er bis zum Fünfmeterbetonplateau hoch. Er kennt damit einen Ort, den ich in meinen 43 Jahren auf dieser Welt noch nie betreten habe.

Es ist nämlich so: Ich hasse kaltes Wasser, das überlaufene Wellenbad und das Becken mit den gefährlichen Sprungtürmen. Denke ich an Freibäder, überkommen mich keine sentimentalen Gedanken an die eigene Jugend oder die Leichtigkeit des Sommers. Schon als Kind verband ich Freibäder mit: Pipi im Wasser, Sonnenbrand auf der Haut, zerlaufenes Kaugummieis an den Händen. Und das obwohl mich meine Mutter schon als Kind regelmäßig mit Freibadbesuchen und Strandurlauben zum Teilen ihrer Leidenschaft animieren wollte.

Was mich zu einem der größten Rätsel der Menschheit bringt: Warum sind Kinder häufig so anders als ihre Eltern?

Von meinem Sohn unterscheidet mich nicht nur die Liebe zum Wassersport. Mich wundert auch, wieso mir

Lesen und Schreiben schon immer leichtfiel, er aber Schreikrämpfe bekommt, wenn ich mit ihm Diktatschreiben üben will. Ich bin immer gern in die Schule gegangen. Sein Lieblingsfach ist die Pause. Kurzum: Würde ich nicht wissen, dass ich den Jungen an einem sehr kalten Februartag 2015 mit vollem Körpereinsatz zur Welt gebracht habe, gäbe es ein paar Gründe, die Mutterschaft anzuzweifeln. Auch mein Mann ist kein begnadeter Turmspringer oder erklärter Freibadfan. Vermutlich stammt die Wasserbegeisterung unseres Sohnes aus dem Genpool meines Großvaters, dem Vater meiner Mutter. Der flüchtete nach dem Zweiten Weltkrieg aus russischer Kriegsgefangenschaft mit einem Sprung in den Fluss, der hinter dem Lager verlief. Späterer arbeitete er als Sportlehrer und Schwimmtrainer. Von ihm hat unser Junge vermutlich nicht nur seinen Vornamen. Rätsel gelöst.

Aber ein Problem bleibt: Wie Umgehen mit der Unterschiedlichkeit der Interessen, Charakterzüge oder Vorlieben innerhalb der Familie? Es sagt sich immer so leicht, dass Teams aus verschiedenen Typen besser zusammenarbeiten als homogene Gruppen. Auch wenn es vermutlich Tausende Studien gibt, die wissenschaftlich belegen können, dass Diversität bereichernd ist, fällt mir die Erkenntnis manchmal schwer, dass mein eigenes Kind keine Miniaturausgabe meiner selbst ist.

Gerade beim Beispiel Schule merke ich, wie ich dem Jungen immer wieder Druck mache. Dass ich den Grundschüler mit Diktaten nerve, habe ich ja schon erwähnt. Ich schicke ihn außerdem ins Konzentrationstraining, das die Schule im Rahmen der Nachmittagsbetreuung anbietet. Er besucht die Schach-AG und einen Kletterkurs, unter anderem deshalb, weil uns befreundete Pädagogen von positiven Auswirkungen auf den Schulerfolg vorgeschwärmt hatten. Ja, es macht uns Sorgen, dass seine Klassenlehrerin angedeutet hat, in der dritten und vierten Klasse werde das Lerntempo in bayerischen Schulen ordentlich anziehen. Sie äußerte vorsichtig Zweifel daran, dass unser Junge dem gewachsen sein wird.

Statt eines weiteren Schuljahrs voller Experimente, den Jungen in die fleißige und unkomplizierte Schülerin zu verwandeln, die ich selbst in dem Alter war, würde ich trotzdem gern einen anderen Ansatz probieren. Nämlich, das Kind so sein zu lassen, wie es ist. Das klingt jetzt auch wieder nach einer absoluten Selbstverständlichkeit und ist vermutlich das Fazit jedes zweiten Erziehungsratgebers. Es ist aber wohl auch tatsächlich die größte Herausforderung bei der Erziehung. Die Romanabteilungen in den Buchhandlungen jedenfalls sind vermutlich voller Geschichten, in denen Kinder nicht so sein durften, wie sie eigentlich sind. Weil ihnen die Eltern bestimmte Freundschaften verbieten (»Romeo und Julia«) oder auch nur Nutellatoast (»Panikherz«). Weil sie hoffen, dass der Nachwuchs in die eigenen Fußstapfen tritt oder die Träume verwirklicht, die sie selbst als Kinder nicht ausleben konnten.

Im Amerikanischen gibt es den Begriff der »stage

mother«, die vom Bühnenrand aus die Schauspielkarriere des Sohnes oder der Tochter vorantreibt. Im Deutschen gibt es den Begriff »Eislaufmutti«, der denselben Muttertyp meint: Eine Frau, die den eigenen Ehrgeiz aufs Kind überträgt und es damit im Zweifel quält. Da bin ich doch lieber »Freibadmutter«. Wenn auch wider Willen. Zu Beginn der diesjährigen Freibadsaison habe ich mit meinem Jungen einen Deal geschlossen: Sollte er jemals im Leben eine Eins im Diktat nach Hause bringen, springe ich vom Fünfmeterturm. Bisher hat er mir den hohen Puls, die kritischen Blicke der anderen, den harten Aufschlag erspart.

Ausblick

Nichts bleibt, wie es war. So heißt es im Lied »Heute hier, morgen dort« von Hannes Wader, das wir unserem Jungen seit seiner Geburt vorsingen. Seit neun Jahren jeden Abend. Irgendwann werde ich es zum letzten Mal singen. Ohne zu wissen, dass es das letzte Mal sein wird. Vermutlich bald wird mir der Junge vor dem Einschlafen zuflüstern: »Mama, lass das Singen! Ich bin groß.«

Vielleicht wird er auch bald herausfinden, dass es das Wort »bankschrott« gar nicht gibt. Er erfand es in dem Moment, als er mich zum ersten Mal beim Monopoly-Spielen abgezockt hatte, weil ich auf die Schlossallee gekommen war, auf der er ein Hotel gebaut hatte. Natürlich mit Wasserrutsche an der Außenwand. Bankschrott ergibt so viel mehr Sinn als »bankrott«. Also korrigierte ich ihn nicht. Irgendwann wird er herausfinden, wie der Kapitalismus in echt funktioniert. Vermutlich wird er bald ein anderes Lieblingsspiel haben. Womöglich werde ich gar nicht mehr mitspielen dürfen.

Immer mehr seiner Lieblingsspiele lagern auf dem iPad. Plants gegen Zombies, Autorennen, noch mehr Autorennen. Wir setzen ihm enge Zeitlimits, aber der Bildschirm scheint eine größere Faszination auszuüben als Gesellschaftsspiele.

Vor letzten Momenten wie der finalen Runde Monopoly oder der Ablehnung der kindlichen Einschlafzeremonie habe ich Angst. Es ist toll, unseren Jungen, der einst im Prinzessinenkleid in die Kita ging und nun bald in die vierte Klasse kommt, groß werden zu sehen. Aber mit jedem neuen Entwicklungsschritt geht ein altes Ritual verloren. Was einem immer erst dann auffällt, wenn es zu spät ist. Natürlich verschwinden auch manche Selbstzweifel mit den Jahren. Dafür kommen aber genug neue hinzu. Sie hängen am Badewannenrand, lauern im Supermarktregal, begegnen einem beim Elternabend.

Vermutlich habe ich dieses Buch auch deshalb geschrieben, um all die guten Momente unseres Daseins als Eltern zu konservieren. Meinem Mann und mir ging es in den letzten neun Jahren nie darum, besser als der andere zu sein. Ist er nun die bessere Mutter oder ich der bessere Vater? Schwer zu sagen – weder zum Muttertag noch zum Vatertag wurde einer von uns mit Geschenken bedacht. Was keinen von uns stört. Wir sind ein Team, dem es nicht ums Medaillengewinnen geht. »Dabeisein ist alles.« Im Sport sind diese drei Worte oft nur eine leere Phrase, die helfen soll, Tränen enttäuschter

Hoffnung zu trocknen. In unserem Familienalltag füllen wir sie mit Leben. Sehr viel Leben. Fast zu viel Leben. Als »Doppelleben« bezeichne ich deshalb den Versuch, Wunschkind und Traumjob zu vereinbaren. Tränen und enttäuschte Hoffnungen gibt es natürlich auch bei uns. Neulich war ich beruflich in Hamburg, als unser Sohn aus dem Schullandheim zurückkam. Ich war bei diesem wichtigen Moment nicht dabei. Was unseren Sohn traurig machte. Und mich auch. Mein Mann aber war da. Er stand auf dem Schulhof, als der Bus randvoll mit Heimweh und übernächtigten Drittklässlern einbog. Er war der Erste, der die Geschichten aus der abenteuerlichen Burg, die in Wahrheit eine normale Jugendherberge im Umland von München war, zu Ohren bekam.

Ich könnte in Momenten wie diesen neidisch auf meinen Mann sein. Oder ein schlechtes Gewissen haben, nicht mütterlich genug gehandelt zu haben. Ich habe nämlich den Flug zurück von Hamburg nach München so gebucht, dass ich die Rückkehr aus dem Schullandheim knapp verpasse – dafür aber bei der Redaktionskonferenz am Morgen im SPIEGEL persönlich anwesend sein kann. Es ist manchmal nicht leicht, die Selbstzweifel beiseitezuschieben, und stattdessen Stolz und Freude über die zwei Männer in meinem Leben zuzulassen, die auch ohne mich als ihre Frau und Mutter super zurechtkommen. Klar, ich wäre gerne ein Vorbild für Vereinbarungsherausforderungen aller Art statt eine dieser Egomütter, über deren Gottvertrauen in Familiendingen man sich auf Gartenpartys lustig macht.

Aber wenn ich eines gut kann, dann ist es, mit Momenten des Scheiterns klarzukommen. Ich habe nämlich keine Angst vor Neuanfängen, keine Angst vor Kritik, keine Angst vor Wiederholungen, bis es irgendwann klappt. Wie schön es wäre, könnte ich diese Lebenslust oder Lebensart unserem Sohn unbewusst vermitteln. Obwohl ich »immer nicht da« bin, wie sich der Junge gerne beschwert. Hoffentlich geht auch er eines Tages angstfrei durchs Leben, frei von Rollenzuschreibungen oder gesellschaftlichem Erwartungsdruck.

Ich weiß nicht, ob ich mir wünschen soll, dass er dieses Buch eines Tages liest. Klar würde ich mich wahnsinnig freuen. Unser Junge hätte freiwillig ein Buch gelesen! Aber würde er sich selbst wiedererkennen? Wäre es ihm peinlich oder unangenehm, dass er in seinen ersten Lebensjahren so genau beobachtet wurde? Wäre ich ihm peinlich? Weil ich öffentlich über meine Gewissensbisse, das elterliche Scheitern als Beschützer und die gelegentlichen Meinungsverschiedenheiten mit seinem Vater übers Induktionsherdplattenputzen, das Gendern oder den Umgang mit Fahrerflucht geschrieben habe?

Sollte er dieses Buch wirklich eines Tages zur Hand nehmen und nicht nur nach Bildern darin Ausschau halten, dann hoffe ich, dass er vor allem die Liebe herausliest, mit der wir jeden seiner Schritte begleitet haben und begleiten werden.

Dank

Ohne Sebastian gäbe es dieses Buch und unseren Jungen nicht. Ohne meine Eltern, meine Schwiegereltern, meine Schwester und ihre Familie wäre ich nicht das, was ich bin und nicht bin. Danke, dass ich über euch schreiben durfte!

Anke Dürr, Frauke Lüpke-Narberhaus und Malte Müller-Michaelis aus dem »Leben«-Ressort des SPIEGEL haben viele meiner Kolumnentexte zuerst gelesen und behutsam verbessert. Ich danke euch! Jan Fleischhauer hat meine allererste Elternkolumne, die nie erschienen ist, redigiert und mir erklärt, wie es besser geht. Zum Beispiel, indem man nicht den Inhalt eines ganzen Buches versucht in einen Online-Text zu packen. Meinen SPIEGEL-Kollegen Alexander Neubacher, Ralf Neukirch und Stefan Kuzmany aus dem »Meinungs«-Team danke ich für ihr Verständnis, dass ich häufig nicht sofort erreichbar bin, wenn sie anrufen, weil ich die Hausaufgaben des Sohnes korrigiere oder mit ihm beim Arzt sitze. Der SPIEGEL-Chefredakteur Dirk Kurbjuweit ruft mich immer genau dann an, wenn ich gerade mit dem Fahrrad von A nach B fahre – und hat trotzdem noch nie an meiner Arbeitsmoral gezweifelt.

Danke auch an Angelika Mette, Christiane Naumann und Karen Guddas, die drei Mütter dieses Buches. Ohne euch wäre es nicht zur Welt gekommen.

Und Bruno, Nike und Helia: Wir sehen uns im nächsten Leben!